Moosmann • 161 kleine Aufwärmspiele

für
Doris, Manuel, David, Mirjam und Marlen

Klaus Moosmann

161 kleine Aufwärmspiele

10., erweiterte Auflage

Limpert Verlag Wiebelsheim

Klaus Moosmann
Konrad-Miller-Straße 1
D-88213 Ravensburg

Von Klaus Moosmann sind im Limpert Verlag auch folgende Titel erschienen:
Erfolgreiche Koordinationsspiele (Best.-Nr. 343-01951)
Turnierspielformen (Best.-Nr. 343-01814)
Erfolgreiches Fußballtraining (Best.-Nr. 343-01813)
Kleine Spiele für alle Altersgruppen (Best.-Nr. 343-01855)

und als Herausgeber:
Das große Limpert-Buch der Kleinen Spiele (Best.-Nr. 343-01834)
Basketball in Stundenbildern (Best.-Nr. 343-01939).

Bibliografische Information der Deutschen Bibliothek
Die Deutsche Bibliothek verzeichnet diese Publikation in der Deutschen Nationalbibliografie; detaillierte bibliografische Daten sind im Internet über http://dnb.de abrufbar.

10., erweiterte Auflage

www.limpert.de

Umschlagfoto: Volker Minkus
Satz: Katrin Rampp, Composizione GbR, Kempten
Zeichnungen: Kasia Sander, Anja Goossens
Druck und Verarbeitung: Gutenberg Beuys Feindruckerei GmbH
Printed in Germany/Imprimé en Allemagne
ISBN 978-3-7853-1956-7

Inhalt

Vorwort

Dieses Buch will nicht, wie viele andere, eine weitere allgemeine Spielesammlung anbieten, sondern beschränkt sich auf Spiele, die zum Aufwärmen geeignet sind. Ein übliches Aufwärmprogramm läuft oft nach folgendem Schema ab: Zehn Minuten lockerer Lauf mit einem Puls bei Erwachsenen um 130 Schläge pro Minute (Kinder sollten sich beim Laufen noch unterhalten können), danach zehnminütiges Dehnen und abschließend intensivere Aktivierung der Muskulatur. Das Aufwärmen steht häufig unter Zeitdruck und nicht selten steht ihm die mangelnde Motivation der Sporttreibenden entgegen. Deshalb sind Spiele zur Erwärmung eine sinnvolle und gute Alternative.
Wenn Sie aber Spiele als Einstieg in die Sport- oder Trainingsstunde wählen, dann müssen diese auch geeignet sein. So entstand die Idee dieser Spielesammlung.

Die **Aufwärmspiele** erfüllen folgende Kriterien:

- **einfaches Regelwerk,**
- **leichte Organisation,**
- **alle Spieler/Schüler sind beteiligt,**
- **kleiner Spielraum reicht aus (meist nur ein Hallenteil),**
- **die Gruppengröße spielt keine Rolle.**

Sie werden viele bekannte Spielformen entdecken, neue Variationen davon kennen lernen und Spiele vorfinden, die Sie in keinen anderen Spielebücher finden, die sich aber in der Praxis schon vielfach bewährt haben.
Es ist meine Absicht, Ihnen Spiele an die Hand zu geben, die Ihnen den Einstieg in jede Sporteinheit erleichtern, egal bei welcher Bezugsgruppe und Altersstruktur. Durch die Spiele wird das Herz-Kreislaufsystem aktiviert, der gesamte Bewegungsapparat beansprucht, die soziale Komponente berücksichtigt und, was besonders wichtig ist, Spaß und Freude am Sporttreiben gefördert.
Natürlich können viele dieser Spiele auch als Muskelaktivierung oder zur Konditionsschulung zu einem späteren Zeitpunkt benützt werden. Dazu habe ich die Spiele dem „Schwierigkeitsgrad“ nach geordnet.
Unter **A** finden Sie **einfache Fang- und Laufspiele,** die keine Vorkenntnisse oder Fertigkeiten erfordern. Unter **B** erscheinen **Abwurf- und Gruppenspiele,** bei denen ein geringes Maß an technischen und taktischen Fähigkeiten und Fertigkeiten das Gelingen erleichtert.
Und unter **C** sind **anspruchsvollere Spiele** aufgeführt, die eher für kleinere Gruppen und fortgeschrittene Spieler geeignet sind und z. T. mehr Raum benötigen (zwei bis drei Hallenteile).

Abschließend einige allgemeine Hinweise:

- Damit eine ausreichende Belastung des Bewegungsapparates und des Herz-Kreislaufsystems gewährleistet ist, muss die spielerische Aufwärmphase mindestens fünf bis zehn Minuten betragen. Dies erreicht man bei den Fangspielen durch Spielvariationen oder indem Sie einige Spiele aneinander reihen. Bei den Gruppenspielen bieten sich ein oder mehrere Gruppenwechsel an.
- Idealerweise gestaltet man das Spiel zu Beginn weniger intensiv (z. B. weniger Fänger oder größerer Spielraum) und wählt gegen Ende eine intensivere Form oder ein anderes Spiel, das höhere Belastungsanforderungen stellt.

- Viele Spiele eignen sich auch als Einzel- bzw. Gruppenwettkampf (eventuell mit Notengebung). Dabei kommen in jeder Stunde mehrere Schüler oder ein bis zwei Gruppen an die Reihe. Der Lehrer notiert die Ergebnisse und wertet Sie am Ende aus.
- Dass der Puls bereits zum Stundenbeginn kurz auf höhere Werte ansteigt, ist keinesfalls gesundheitsschädlich.
- Die Verletzungsgefahr (Zerrung u. Ä.) bei Kindern ist bei einem überlegtem Einsatz der Spiele sehr gering.

Für Anregungen, Kritik und weitere Spielformen bin ich Ihnen sehr dankbar.

Ravensburg, im Mai 1997 Klaus Moosmann

Vorwort zur 10. Auflage

In den vergangenen Jahren wird auch im Bereich des Sports verstärkt von Inklusion und Integration gesprochen. Gerade der Bereich des Aufwärmens eignet sich hervorragend dafür, um den Forderungen nach Sport für alle (keiner wird ausgegrenzt) zu erfüllen, niemand scheidet aus und alle können auf ihrem jeweiligen Leistungsniveau mitmachen, jeder lernt seine eigenen individuellen Grenzen kennen und erfährt dadurch Spaß und Freude am Sporttreiben.

Die höchst unterschiedlichen Voraussetzungen (Körpergröße, Gewicht, Ausbildungsgrad der konditionellen und koordinativen Fähigkeiten, Vorerfahrungen im Bereich der Grundtätigkeiten, allgemeine Bewegungserfahrungen ...) müssen von den Lehrkräften und Übungsleitern berücksichtigt und beachtet werden. Wir wollen keine äußere Differenzierungen mehr vornehmen und z. B. nach Leistungsvermögen einteilen, sondern alle Kinder und Jugendlichen gemeinsam unterrichten, ihre Individualität berücksichtigen und allen Erfolgserlebnisse ermöglichen.

Dazu sind alle Spiele in diesem Buch sehr gut geeignet. Durch gezielte Variationen und Regeländerungen wie Spielen mit weichen Bällen, Veränderung der Spielfeldgröße, Variation der erforderlichen Zahl der Abschlägen oder der Fanghand, der Fortbewegungsart wie Hüpfen auf einem Bein, Erhöhung der Fängerzahl (bei Fangspielen), Anzahl der Balltreffer, Anzahl der vorgegebenen Kontakte (Direktspiel, 2–4 Kontakte), Begrenzung der Trefferfläche, Veränderung der Torgröße, Überzahl- bzw. Unterzahlspiele bei Ballspielen erfahren die Sporttreibenden, dass Sport Spaß und Freude für alle bereiten kann. Viele Hinweise dazu finden Sie auf den Einführungsseiten 11 bzw. 58 und bei allen Spielen unter „Varianten, methodische Hinweise."

Ich wünsche Ihnen nun viel Freude und Spaß mit der Jubiläumsauflage, der 10. Auflage der „161 kleinen Aufwärmspiele".

Schauen Sie einmal auf meiner Homepage vorbei (www.klausmoosmann.de), es lohnt sich.

Ravensburg, im Juli 2018 Klaus Moosmann

- **Bei allen Fangspielen ist ein *direktes* Rückschlagen nicht erlaubt.**

- Ein Fängerwechsel wird durch kurzes Heben der Hand oder der Übernahme der Fängerkennzeichnung (z. B. Ball, Band oder Schildmütze) angezeigt.
- Gefangene Spielerinnen und Spieler scheiden nicht aus!
- In der Regel reicht als Spielfeld ein Hallendrittel.
- Anzahl der Abschläge verändern.
- Fanghandveränderungen („gute" Spieler nehmen „schwache" Hand; legen einen Arm auf den Rücken ...)
- Fängeranzahl variieren.
- Verbot des direkten Rückschlagens.
- Ein Spieler darf erst wieder abgeschlagen werden, wenn 2; 3 andere Spieler zuvor abgeschlagen wurden.
- Fortbewegungsart verändern (Hüpfen auf einem Bein; Schlusssprung ...)
- Übungsleiter spielt mit und lässt sich pädagogisch abschlagen.

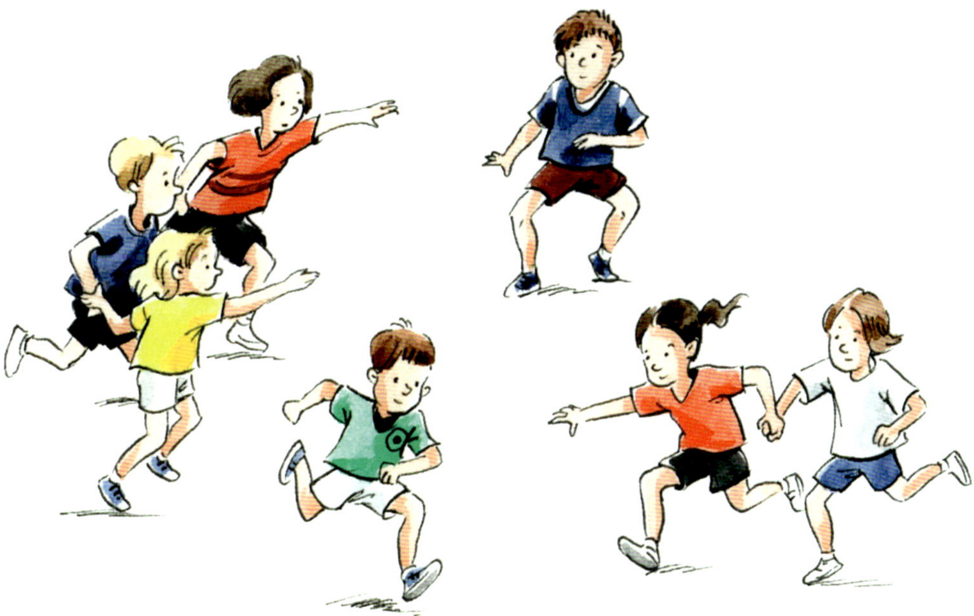

A 1 Abtupffangen

Medien, Material:
2 – 3 Bälle (Softbälle, Medizinbälle usw.)

Organisation:
2 – 3 Fänger mit Ball „kennzeichnen“.

Inhalt:
Jeder Ballträger versucht so schnell wie möglich mit seinem Ball einen anderen Spieler abzutupfen. Dieser wird dann neuer Fänger.

Varianten, methodische Hinweise:
- Wichtig: Es darf nicht geworfen werden!
- Mit Medizinbällen wird gleichzeitig die Kraft geschult.
- Mit verschiedenen Bälle spielen!
- Zur Erleichterung kann der Ball getragen und mit der freien Hand abgeschlagen werden.
- Nicht abgeschlagen werden darf derjenige, der einem Partner auf den Rücken springen und sich dort festhalten kann.

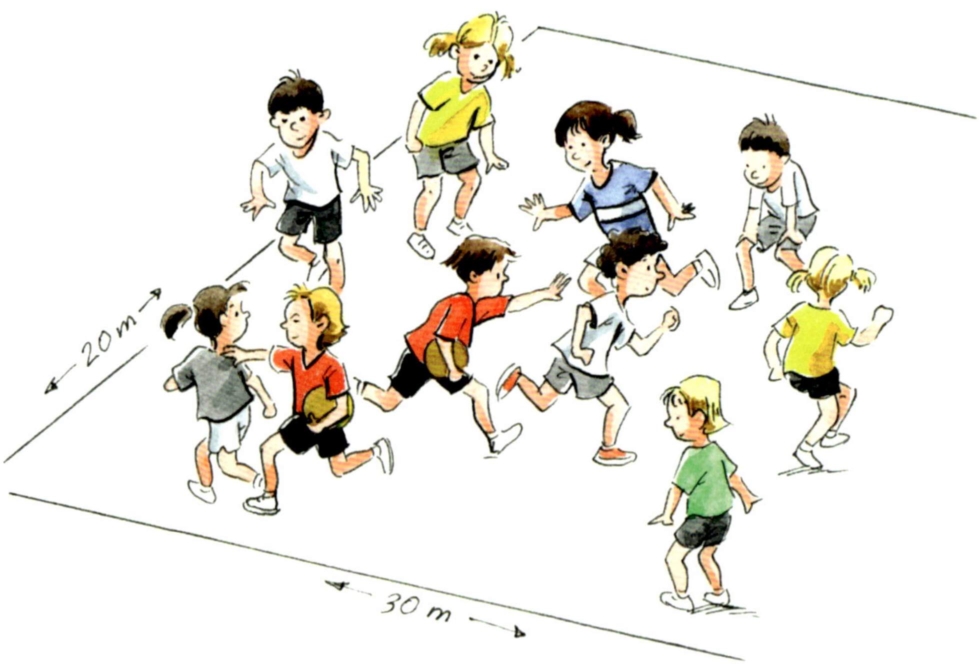

A2 Tupferkönig

Medien, Material:
2 – 3 Bälle

Organisation:
2 – 4 Fänger mit Ball „kennzeichnen“.

Inhalt:
Jeder Balltragende (2 – 3 Spieler) soll in einem Hallendrittel in einer oder zwei Minuten möglichst viele Mitspieler abtupfen. Wer schafft die meisten Tupfer und wird in dieser Stunde „Tupferkönig“.
Anmerkung: 2 – 3 Durchgänge mit jeweils 2 – 3 Fängern zur Erwärmung.

Varianten, methodische Hinweise:
- Bitte beachten: Für den Fänger ist dies ein sehr intensives Spiel, daher eventuell zuerst zur allgemeinen Erwärmung Spiel A 1 spielen.
- Die Anzahl der Fänger hängt von der Gruppenstärke ab. Eventuell mehrere kleine Felder mit nur einem Fänger bilden. Somit wird die Gefahr des Zusammenstoßens vermindert.

A3 Schwarzer Peter

Medien, Material:
2 – 4 Bälle

Organisation:
2 – 4 Fänger mit Ball „kennzeichnen“.

Inhalt:
Jeder Balltragende versucht so schnell wie möglich einen anderen Spieler, der **keinen** Ball hat, abzutupfen. Dieser ist nun neuer Fänger (vgl. Spiel A 1). Wenn der Spielleiter pfeift, bekommt derjenige, der gerade keinen Ball hat, einen Pluspunkt.
Wer hat zum Schluss die meisten?

Varianten, methodische Hinweise:
- Es darf nicht geworfen werden!
- Ruhig „pädagogisch“ pfeifen, damit nicht immer dieselben Spieler Pluspunkte erhalten.
- Nach unterschiedlicher Spieldauer abpfeifen.
- Ideal: Musik mit Pausen einsetzen.

A 4 Paare bilden

Medien, Material:
1 Matte, evtl. 1 Tennisring

Organisation:
Hallendrittel; eine Matte in eine Hallenecke legen; ein oder zwei Paare beginnen.

Inhalt:
Ein Paar (zwei Finger halten sich an den Händen) versucht andere Mitspieler abzuschlagen. Hat dies Erfolg, dann setzt sich der Abgeschlagene auf die Matte und wartet auf einen weiteren, um dann gemeinsam, als zusätzliches neues Paar, beim Fangen zu helfen.

Varianten, methodische Hinweise:
- Kommt das Spiel nur langsam in Gang (z. B. wegen zwei „schwachen" Fängern), wird das Feld zunächst verkleinert oder gleich mit zwei Fängerpaaren begonnen.
- Die Paare können sich auch an einem Tennisring halten.

A 5 Paar erlösen

Medien, Material:
Je 3 x 2 verschiedenfarbige Bänder
(z. B. 2 rote, 2 gelbe, 2 blaue Bänder)

Organisation:
2 – 3 Fängerpaare kennzeichnen und ihnen „Höhlen" zuweisen.

Inhalt:
Es starten 2-3 Fängerpaare von ihrer „Höhle" aus (z. B. Matte oder Geräteraum). Jeder Abgeschlagene wird zur Höhle des Fängerpaares gebracht. Sind zwei Gefangene in der Höhle, wird das alte Paar erlöst, gibt die Bänder weiter und die zwei Gefangenen sind neues Fängerpaar.

Varianten, methodische Hinweise:
- Jedes Paar mit einer anderen Bandfarbe kennzeichnen.
- Die „Höhle" kann auch nur eine bestimmte Hallenecke sein (eventuell mit entsprechendem Band markieren).
- Es gibt nur eine „Höhle" ; sind zwei Gefangene gemacht, wird das erste Paar erlöst.

A6 Paarfänger erlösen

Medien, Material:
keine

Organisation:
2 – 3 Fängerpaare bilden

Inhalt:
Die Fänger sind in Paaren zusammen, die anderen Spieler laufen alleine. Wird ein Spieler abgeschlagen, dann wechselt er mit einem Fänger.

Varianten, methodische Hinweise:
- Zu Beginn wird mit dem Spieler gewechselt, der gefangen hat, später mit dem, der länger im Paar ist.

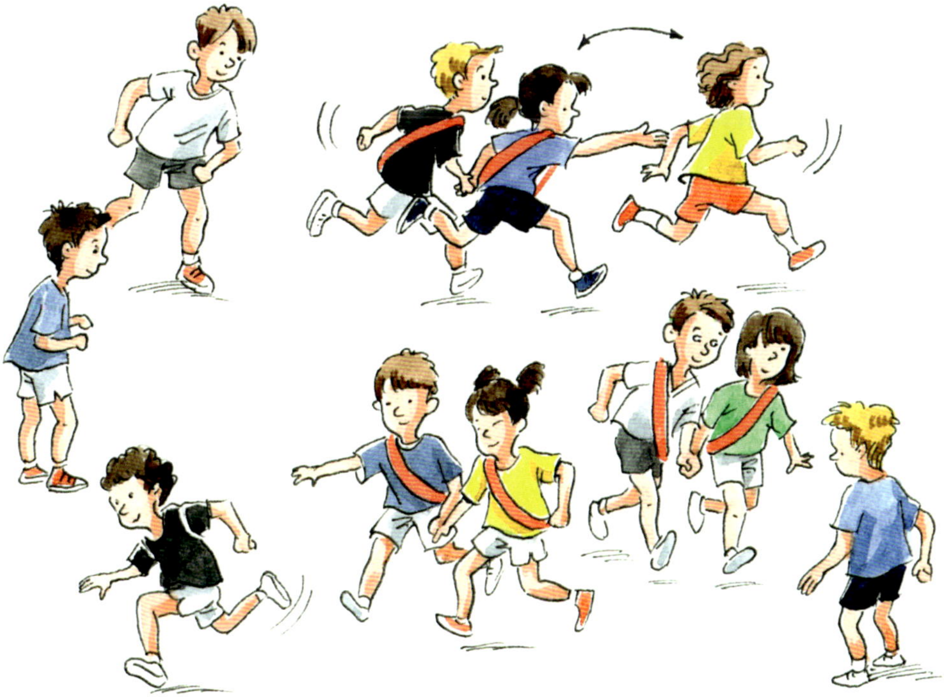

A7 Zweierfangen

Medien, Material:
4 – 6 Bänder

Organisation:
Spieler in Zweiergruppen einteilen.

Inhalt:
Alle Spieler sind paarweise am Spiel beteiligt. 2-3 Fängerpaare (mit Bändern kennzeichnen!) versuchen andere Paare zu fangen. Gelingt dies, dann erfolgt ein Fängerwechsel (Bänder weitergeben).

Varianten, methodische Hinweise:
- Löst ein Paar die Hände, dann gilt der Abschlag nicht bzw. wird das Paar zum neuen Fängerpaar.
- Ist ein Spieler übrig, gibt es eine Dreiergruppe oder der Lehrer fängt mit.
- Idealer als Bänder sind Schildmützen als Kennzeichnung (schneller Wechsel!), wobei eine Mütze pro Paar genügt.

A 8 Freunde suchen („Bruder hilf")

Medien, Material:
Bänder bzw. Schildmützen

Organisation:
1 – 2 Fängerpaare kennzeichnen.

Inhalt:
1 – 2 Fänger versuchen einen Mitspieler zu fangen. Dieser kann dadurch gerettet werden, dass ein anderer Spieler sich bei ihm einhängt. Der Fänger muss dann einen anderen fangen. Gelingt der Abschlag, dann wird gewechselt.

Varianten, methodische Hinweise:
- Da wir es oft mit „cleveren" Spielern zu tun haben, gelten folgende Zusatzregeln:
  a) ein eingehängtes Paar darf nur so lange zusammenbleiben, bis der Fänger vorbei ist;
  b) zwei gleiche Spieler dürfen nicht un mittelbar hintereinander zusammengehen.

A9 Doppelklatschfangen

Medien, Material:
2 – 3 Bänder oder Schildmützen

Inhalt:
2 – 3 Spieler beginnen als Fänger und sollen einen anderen durch einen Doppelklatsch (zweimaliges aufeinanderfolgendes Abschlagen mit der gleichen Hand) abschlagen, dann erfolgt der Fängerwechsel.

Organisation:
Fänger kennzeichnen.

Varianten, methodische Hinweise:
- Kann auch gut zur Gewandtheits- und Schnelligkeitsschulung eingesetzt werden; hierbei ist es aber sinnvoller mit zwei Gruppen in kleineren Feldern zu spielen.

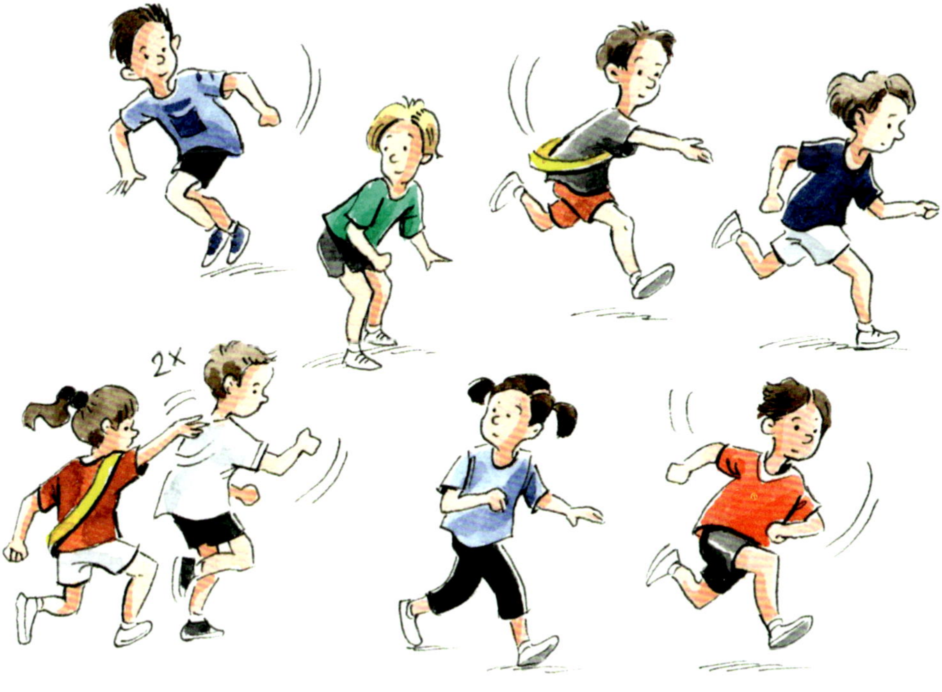

A 10 Ball befreit

Medien, Material:
3 – 5 Bälle, Bänder bzw. Schildmützen

Inhalt:
1 – 2 Fänger versuchen einen anderen abzuschlagen, was einen Aufgabenwechsel bewirkt. Der Gejagte kann sich dadurch retten, indem er einen Fuß auf einen Ball stellt, dann muss der Fänger einen anderen jagen. Sind zwei Spieler an einem Ball, dann darf der Fänger einen der beiden abschlagen.

Organisation:
Die Bälle im Feld verteilen, Fänger kenn zeichnen.

Varianten, methodische Hinweise:
- Sobald der Fänger vorbei ist, muss der Ball wieder freigegeben werden.
- Der gleiche Ball darf nicht zweimal hintereinander als Freimal benutzt werden.

A 11 Ball hilf

Medien, Material:
1 – 2 Bälle, Band bzw. Schildmütze

Inhalt:
Die Fänger versuchen einen Mitspieler ohne Ball zu fangen. Diesem kann durch Zuspielen des Balles geholfen werden. Der Fänger muss dann einen anderen Spieler fangen. Bei Abschlag erfolgt ein Fängerwechsel.

Organisation:
Zwei Gruppen bilden, Hallendrittel in zwei Hälften abteilen, Fänger kennzeichnen.

Varianten, methodische Hinweise:
- Gut zur Taktikschulung, z. B. Ball nur spielen, wenn Blickkontakt vorhanden oder wo muss der Ball hingespielt werden (in Fängernähe) usw.
- Es kann auch mit zwei Bällen pro Gruppe gespielt werden.
- Passen mit dem Fuß: Passgeber und Fänger sind geschützt.

A 12 Drei-Zonen-Hüpfhasche

Medien, Material:
keine

Organisation:
Drei Gruppen bilden und je einen Fänger bestimmen; drei Felder im Hallendrittel abteilen (durch vorhandene Linien oder Hütchen).

Inhalt:
In jeder Zone befindet sich eine Gruppe mit jeweils einem Fänger. In jeder Zone ist für alle eine bestimmte Hüpfart vorgeschrieben, z. B.
- Zone 1: linkes Bein
- Zone 2: rechtes Bein
- Zone 3: Schlusssprung

Auf Pfiff Zonen- und Hüpfartwechsel. Dabei bleibt der Fänger erhalten oder der letzte Spieler im neuen Feld wird Fänger. Ansonsten Fängerwechsel wie bei allen Fangspielen, also ist z. B. ein Rückschlagen nicht erlaubt.

Varianten, methodische Hinweise:
- Eignet sich besonders als Erwärmungsspiel vor einer Sprungschulung.

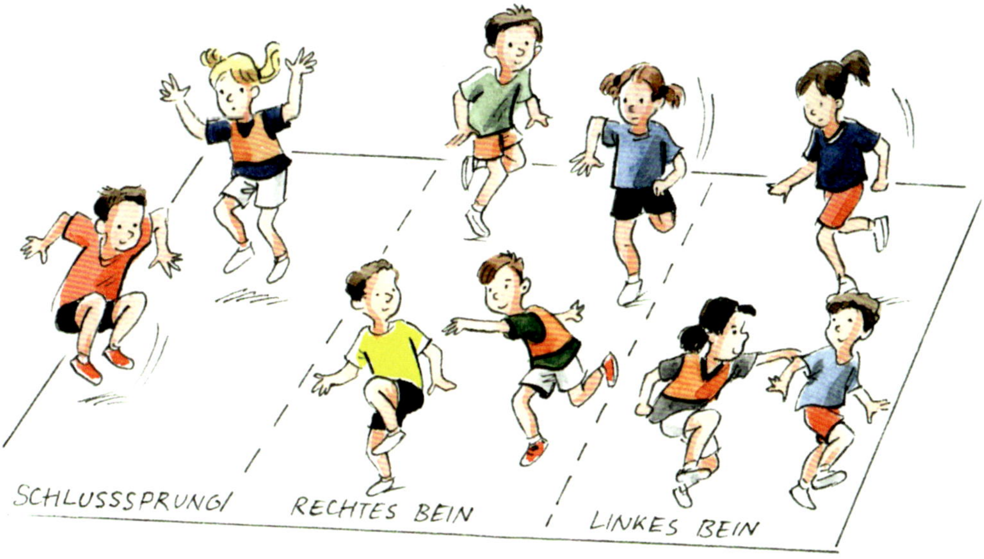

A 13 Paarfangen

Medien, Material:
keine

Organisation:
Einen Spieler als Fänger bestimmen.

Inhalt:
Ein Spieler beginnt als Fänger. Hat er einen Spieler gefangen, dann fangen sie als Paar weiter. Weitere gefangene Spieler erweitern das Paar bis es vier Spieler sind, dann teilen sie sich in zwei neue Paare usw. Wer bleibt als letzter übrig?

Varianten, methodische Hinweise:
- Zu Beginn: Feld stark verkleinern oder mit einem guten Spieler beginnen.
- Taktikhinweis: Nach Absprache bestimmten Spieler jagen (zwei, drei Gruppen jagen einen Spieler).

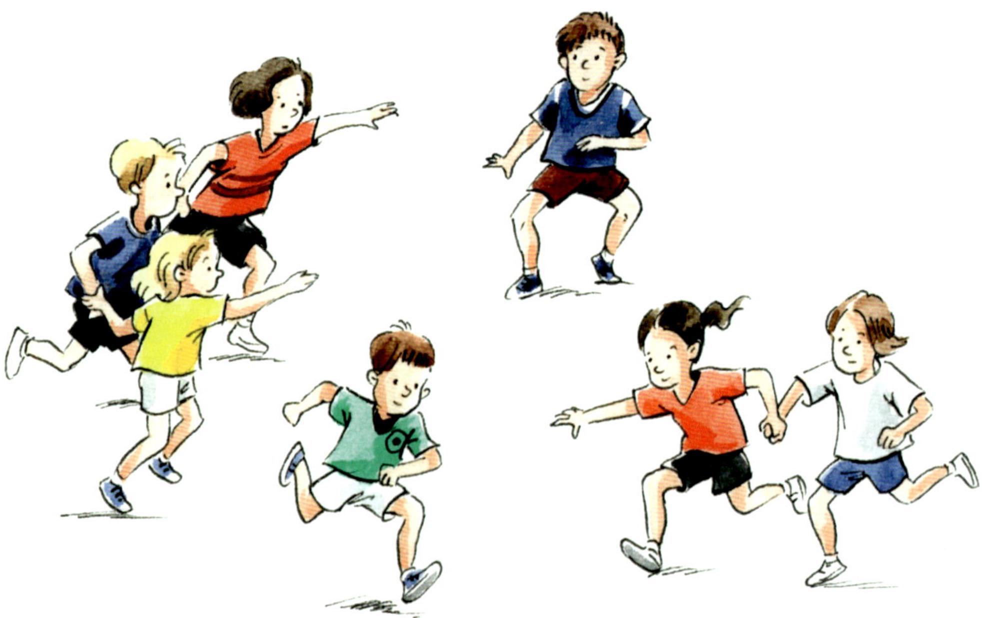

A 14 Kettenfangen

Medien, Material:
keine

Inhalt:
Wie Spiel A 13, nur teilt sich die Kette nicht mehr. Welcher Läufer bleibt übrig?

Organisation:
Einen Anfangsfänger bestimmen.

Varianten, methodische Hinweise:
- Nur die Außenspieler haben Schlagrecht.
- Zu Beginn das Feld stark verkleinern.

Eigene Notizen

A 15 Raubt das Band

Medien, Material:
Für jeden Spieler ein Band.

Inhalt:
Jeder Spieler steckt sein Band auf dem Rücken in den Hosenbund, und zwar so, dass mindestens die Hälfte des Bandes herausschaut. Jeder Spieler versucht nun, Bänder zu rauben und seines nicht zu verlieren. Geraubte Bänder werden in der Hand gehalten, allerdings muss immer ein Band im Hosenbund sein, falls der Spieler Bänder erobert hat. Die Spieler dürfen sich nicht an die Wand stellen.

Organisation:
Jede Spieler erhält ein Band.

Varianten, methodische Hinweise:
- Alle eroberten Bänder werden ebenfalls in den Hosenbund gesteckt.
- Auch als Mannschaftsspiel möglich (Kennzeichnung durch zwei verschiedenfarbige Bänder), wobei die Bänder der anderen Mannschaft geraubt werden.

A 16 Kreuzeck

Medien, Material:
Schildmützen

Organisation:
Zwei Gruppen bilden, Hallendrittel abteilen.

Inhalt:
Ein Fänger jagt einen Mitspieler, dem ein anderer Spieler dadurch zu Hilfe kommen kann, indem er den Laufweg zwischen dem Fänger und dem Gejagten kreuzt. Der Fänger muss nun einen anderen jagen.

Varianten, methodische Hinweise:
- Risiko! Der Fänger muss den Spieler fangen, der den Weg gekreuzt hat.

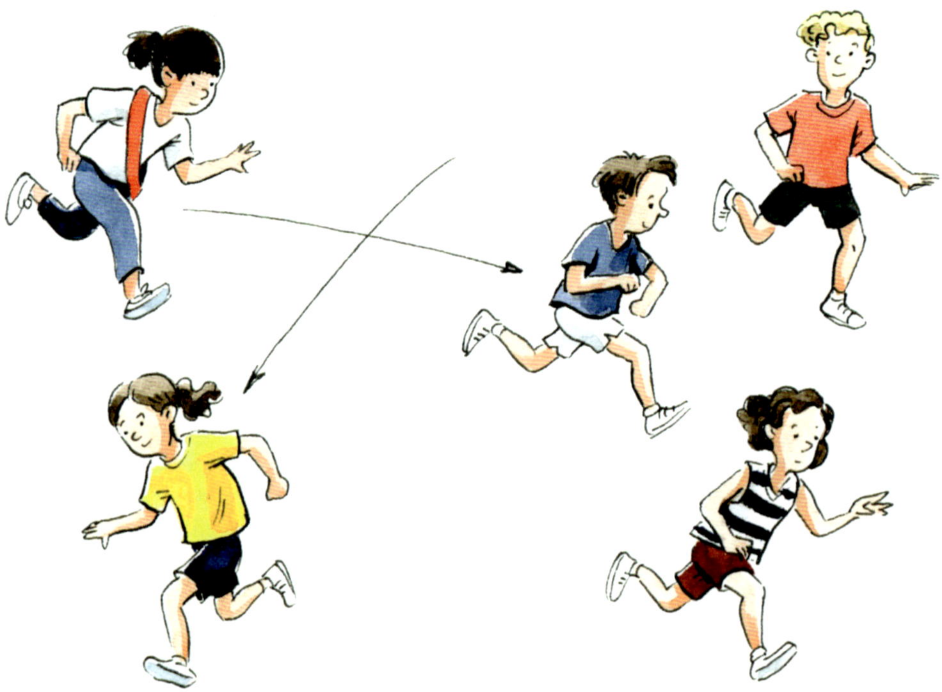

A 17 Kopf und Schwanz

Medien, Material:
keine

Organisation:
Spieler in Achter- oder Zehnergruppen einteilen.

Inhalt:
Die Spieler jeder Gruppe fassen sich mit beiden Händen an der Hüfte. Der Vordermann („Kopf“) versucht nun den Letzten der Gruppe („Schwanz“) zu fangen. Jeder gelungene Versuch ergibt einen Punkt. Wechsel nach festgelegter Zeit, und zwar so, dass jedes Gruppenmitglied mindestens einmal Kopf und Schwanz war.

Varianten, methodische Hinweise:

A 18 Glucke und Geier

Medien, Material:
keine

Organisation:
Gruppen mit 6 – 10 Spielern bilden.

Inhalt:
Ein Spieler (der Geier) versucht den letzten Spieler der Reihe (das Küken) zu fangen. Die Spieler fassen sich dabei an der Hüfte und der vorderste (die Glucke) verhindert durch entsprechende Abwehraktionen, dass das Küken gefangen wird. Wechsel erfolgt nach dem Abschlagen bzw. dem Sprengen der Kette oder nach festgelegter Zeit.

Varianten, methodische Hinweise:
- Oft wechseln!
- Vorher ein weniger intensives Spiel einsetzen.

A 19 Kreisfangen

Medien, Material:
Für jede Gruppe ein Band.

Organisation:
6-10 Spieler bilden einen Kreis, von denen einer mit einem Band gekennzeichnet wird. Ein Fänger befindet sich außerhalb des Kreises.

Inhalt:
Der Fänger versucht, durch geschickte Richtungsänderungen den markierten Spieler abzuschlagen. Wechsel nach erfolgreichem Abschlag bzw. festgelegter Zeit.

Varianten, methodische Hinweise:
- Sehr intensiv, daher zuvor ein anderes Spiel einsetzen

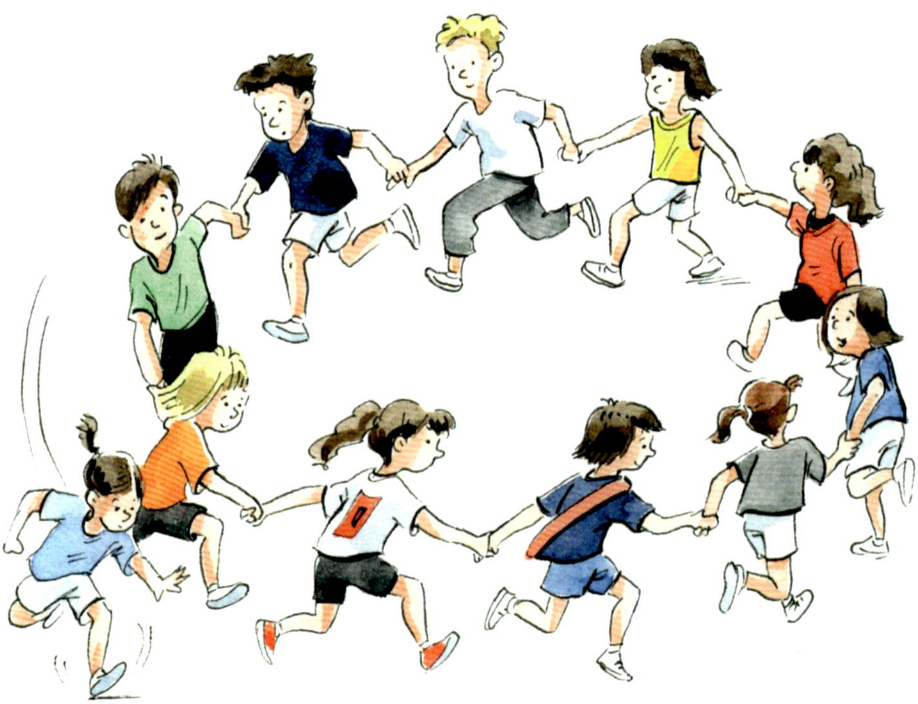

A 20 Klammernfangen

Medien, Material:
Für jeden Spieler eine Wäscheklammer.

Organisation:
Jeder Spieler heftet eine Wäscheklammer an sein T-Shirt.

Inhalt:
Die Spieler jagen sich gegenseitig die Klammern ab. Wer Klammern besitzt, muss mindestens eine angeheftet haben. Es darf immer nur eine Klammer geraubt werden. Wer hat nach einer bestimmten Zeit die meisten Klammern?

Varianten, methodische Hinweise:
- Es dürfen beliebig viele Klammern geraubt werden.
- Alle eroberten Klammern müssen angeheftet werden.
- Ideal mit Spiel A 21 einzusetzen.
- Wäscheklammern mit verschiedenen Farben benutzen. Dabei zählen die eroberten Klammern je nach Farbe (rot: 1 Punkt; blau: 2 Punkte usw.) verschieden viel.
- Als Gruppenwettkampf zweier Mannschaften (Wertungsmöglichkeiten s. o.).

A 21 Klammern weg

Medien, Material:
Für jeden Spieler eine Wäscheklammer.

Organisation:
Jeder Spieler erhält eine Wäscheklammer.

Inhalt:
Die Spieler erhalten je eine Wäscheklammer, die sie bei einem Mitspieler an einem Kleidungsstück anheften. Dieser versucht, dies natürlich zu verhindern und seinerseits seine Wäscheklammer loszuwerden. Wer hat am Ende keine Klammer?

Varianten, methodische Hinweise:
- Ideal mit Spiel A 20 einzusetzen.

A 22 Fangen mit Sonderaufgaben

Medien, Material:
5 Bänder, evtl. Matten

Organisation:
Fünf Fänger kennzeichnen, Matten am Rand auslegen.

Inhalt:
Die Fänger schlagen Mitspieler ab, die dann Sonderaufgaben erfüllen müssen, bevor sie wieder mitspielen dürfen. Die Sonderaufgaben richten sich nach dem nachfolgenden Stundenthema. Beim zweiten, dritten usw. Abschlag muss jeweils eine andere Aufgaben erledigt werden.

Beispiele:

a) Gerätturnen: 1. Laufe auf allen Vieren zur gegenüberliegenden Wand; 2. Mache fünf Zappelhandstände; 3. Suche einen anderen Abgeschlagenen und laufe mit ihm als Schubkarre zur gegenüberliegenden Hallenwand und wechsle auf dem Rückweg usw.

Varianten, methodische Hinweise:

- Günstig ist es, wenn die Sonderaufgaben auf Blättern beschrieben sind, die dann an die Wand geheftet werden.
- Nach dem 5. (10.) Abschlag wechselt das Fängerrecht. Der jetzt Abgeschlagene führt keine Sonderaufgabe aus, sondern wird zum Fänger.

b) Ballspiel: 1. Führe fünf Kopfballimitationen aus; 2. Hüpfe auf dem linken Bein zur gegenüberliegenden Hallenwand und auf dem rechten zurück; 3. Springe fünf Mal am Basketballkorb hoch und versuche das Netz zu berühren usw. Nach 2 – 3 Minuten wechseln.

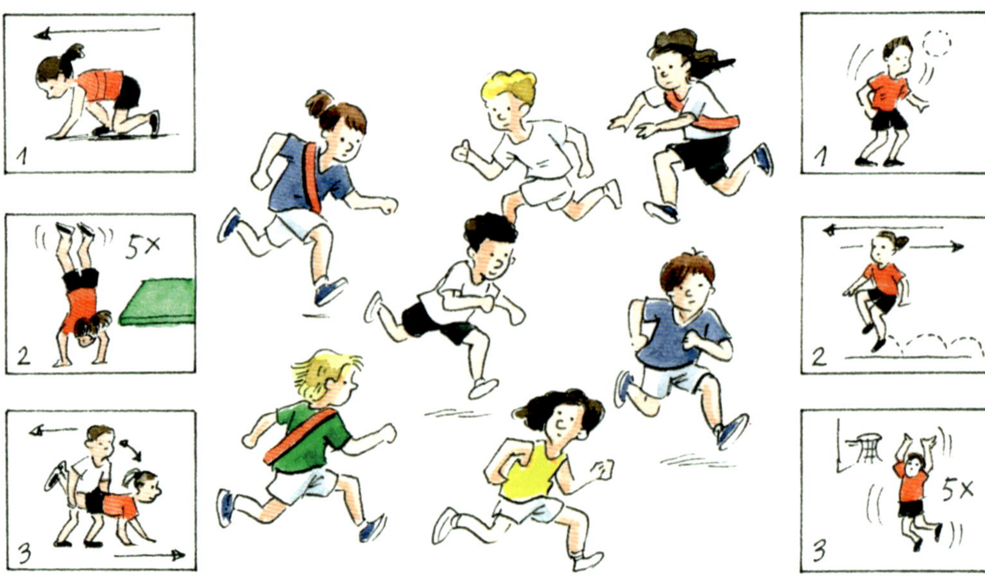

A 23 Steh Bock – lauf Bock!

Medien, Material:
Bänder

Organisation:
Ein Viertel der Spieler als Fänger kennzeichnen.

Inhalt:
Die Fänger versuchen, alle anderen Spieler zu versteinern („Steh Bock“). Diese können durch bestimmte Aufgaben wieder befreit werden („Lauf Bock“).

Beispiele:
a) Hände auf die Knie (Bock); befreien durch Überspringen;
b) Grätschstand; befreien durch Hindurch kriechen;
c) Hände nach oben strecken; befreien durch Umlaufen (eine ganze Runde!) usw.

Wichtig: Fair Play!
Welche Gruppe schafft die kürzeste Zeit, bis alle versteinert sind?

Varianten, methodische Hinweise:
- Günstig sind klare „Standanweisungen“ für die Abgeschlagenen (s. o.).
- Kann gut auch mit festen Gruppen zu Beginn mehrerer Stunden gespielt werden; welche Gruppe schafft die schnellste Zeit? (aufschreiben!)
- Die abgeschlagenen Spieler können sich durch Freiwürfeln wieder ins Spiel bringen. Dazu treffen sich alle abgeschlagenen Spieler in einer Ecke. Würfelt ein Spieler eine „Eins“, darf er wieder mitspielen. Würfelt einer eine „Sechs“, sind alle frei. Mit mehreren großen (Schaumstoff-) Würfeln macht es noch mehr Spaß.

A 24 Paar steh Bock – lauf Bock!

Medien, Material:
Bänder, Schildmützen

Organisation:
Alle Spieler paarweise einteilen; etwa ein Viertel der Spieler als Fänger kennzeichnen.

Inhalt:
Wie Spiel A 23, nur sind die Spieler alle paarweise unterwegs. Zur Erleichterung kann hier auch nur durch Abklatschen wieder befreit werden.

Varianten, methodische Hinweise:
- Ein abgeschlagenes Paar bildet mit hochgehaltenen Händen ein Tor und wird durch das Durchlaufen eines anderen Paares befreit.

A 25 Einbein steh Bock – lauf Bock!

Medien, Material:
Bänder, Schildmützen

Organisation:
Etwa ein Viertel der Spieler als Fänger kennzeichnen.

Inhalt:
Regeln wie bei Spiel A 23, allerdings dürfen sich alle Spieler nur auf einem Bein fortbewegen. Der Lehrer kann den Wechsel freistellen oder ein bestimmtes Bein vorschreiben.

Varianten, methodische Hinweise:
- Gute Übung zur Kräftigung der Beinmuskulatur.

Eigene Notizen

A 26 Aufgerufene Farbe fängt

Medien, Material:
Verschiedenfarbige Bänder

Organisation:
Spieler in vier Gruppen einteilen und mit Bändern kennzeichnen.

Inhalt:
Gleiche Regeln wie bei Spiel A 23 („Steh Bock – lauf Bock"), nur wechselt die Fängeraufgabe nach Aufruf der Farbe. Die abgeschlagenen Spieler sitzen ab und können durch einmaliges Umkreisen befreit werden. Andere Möglichkeit: Liegestützen und befreien durch Hindurchkriechen. Welche Farbe schafft es alle anderen zu versteinern? Oft und nach unterschiedlichen Zeitintervallen die Farben wechseln.

Varianten, methodische Hinweise:
- Hierbei wird besonders die Reaktionsschnelligkeit und die geistige Flexibilität gefördert.

A 27 Drachenjagd

Medien, Material:
2 Bänder, Schildmützen; 8-14 Tennisringe

Organisation:
Zwei Spieler als Drachen kennzeichnen und jedem 4 – 7 Tennisringe aushändigen.

Inhalt:
Die beiden Drachen sollen möglichst schnell 4 – 7 „Lebewesen“ fressen (Spielleiter legt Anzahl fest). Jedes gefressene hängt sich mit einem Tennisring verbunden an. Nur der Drachenkopf darf „fressen“. Wer ist zuerst fertig?

Varianten, methodische Hinweise:
- Bei gemischten Gruppen immer abwechselnd ein männliches und weibliches „Lebewesen“ fangen.
- Fünf gewinnt: „Wer hat zuerst vier Spieler gefangen?“

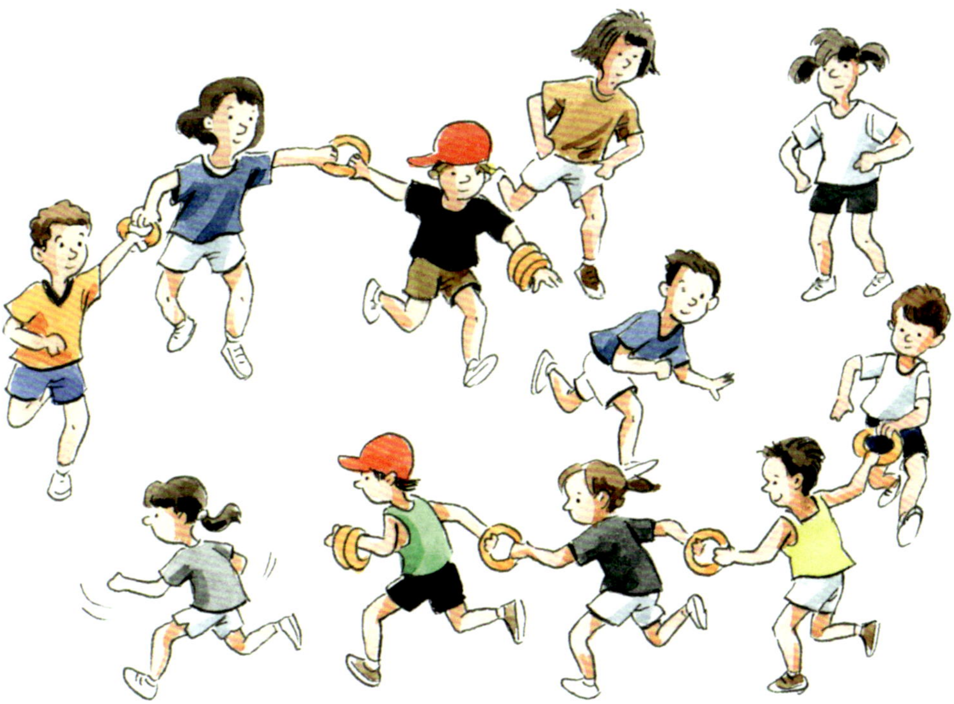

A 28 Dritter Schlag wechselt

Medien, Material:
2 – 3 Bänder oder Schildmützen

Organisation:
2 – 3 Fänger kennzeichnen.

Inhalt:
Die Fänger schlagen die anderen ab. Wird ein Gejagter zum ersten Mal abgeschlagen, bedeckt er die Berührstelle mit der linken Hand, die zweite Abschlagstelle mit der rechten Hand. Beim dritten Abschlag wechselt er mit dem Fänger, der ihn gerade abgeschlagen hat.

Varianten, methodische Hinweise:
- Ein Fänger darf nicht zweimal hintereinander den gleichen Spieler abschlagen.

Eigene Notizen

A 29 Sechs teilt

Medien, Material:
keine

Organisation:
Ein Fängerpaar bestimmen.

Inhalt:
Das Fängerpaar soll möglichst schnell eine Sechserkette erreichen, die dann in drei Paare geteilt wird. Wer bleibt übrig? Die beiden letzten beginnen als neues Fängerpaar.

Varianten, methodische Hinweise:
- In zwei Dreierketten teilen.

A 30 Affeninsel

Medien, Material:
Reifen, Weichbodenmatte; 2 Matten; Bänder, Bälle; Hütchen

Inhalt:
Die Affen klauen die Kokosnüsse (Bälle) aus den Reifen und bringen diese zur Affeninsel (Weichboden). Die Fänger verhindern dies, indem sie die Affen abschlagen und ins Gefängnis (Hütchenfeld) bringen. Abgeschlagene Affen können durch einen Mitspieler dadurch befreit werden, indem sie mit Handhaltung (Paar) zu einem Freimal laufen. Schaffen sie dies, dann sind sie frei. Die Freimale dürfen von den Affen jederzeit angelaufen werden, damit sie nicht gefangen werden.
Schaffen es die Affen, in 2 – 4 Minuten alle Kokosnüsse zu klauen, haben sie gewonnen. Ansonsten die Fänger. Die Fänger gewinnen ebenfalls, wenn sie alle Affen im Gefängnis haben. Aufgabenwechsel!

Organisation:
5 Reifen in der Hallenmitte auslegen und mit je 3 Bällen bestücken; Weichbodenmatte in der Nähe einer Hallenecke positionieren (Wandabstand beachten!) und auf der Gegen seite ein Gefängnis (2 x 5 m) mit Hütchen festlegen; 2 Matten als Freimale beliebig auslegen; 4 Fänger bestimmen und kenn zeichnen.

Varianten, methodische Hinweise:
- Die Paare dürfen beim Laufen vom Gefängnis zum Freimal nicht abgeschlagen werden.
- Fängerzahl erhöhen.

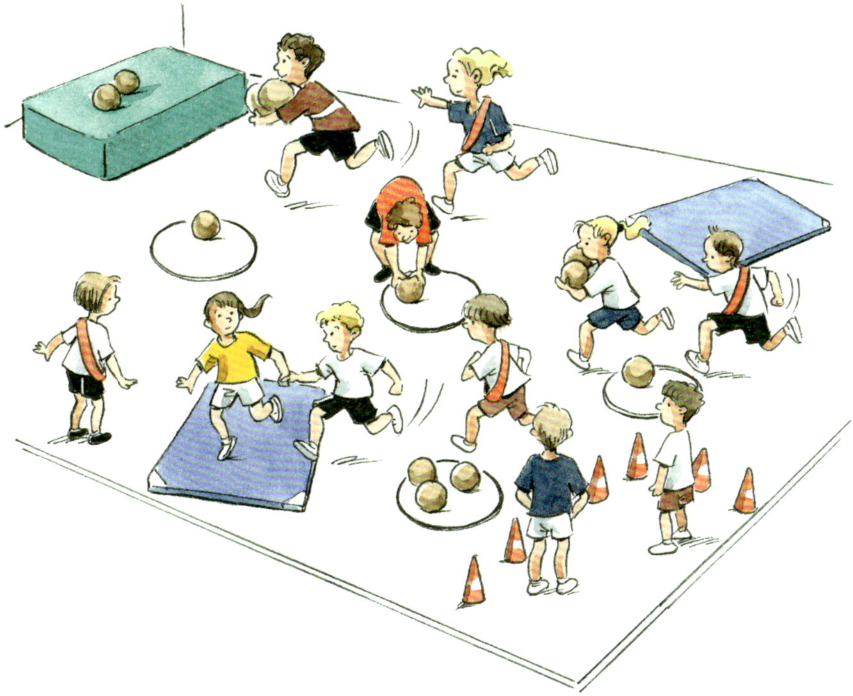

A 31 ABC-Fangen

Medien, Material:
keine

Inhalt:
A beginnt als Fänger und jagt B. C hat solange Pause. Ist B gefangen, dann jagt dieser C, und A hat Pause. Zuletzt fängt dann C A, bevor es wieder von vorne beginnt.

Organisation:
Spieler in Dreiergruppen einteilen und jedem Gruppenmitglied den Buchstaben A, B oder C zuordnen.

Varianten, methodische Hinweise:
- Die Dreiergruppen sollten aus „gleichstarken“ Spielern gebildet werden („leistungshomogen“).

Eigene Notizen

A 32 Lottospiel

Medien, Material:
3 Bälle

Inhalt:
Wer zuerst sechs verschiedene Spieler mit dem Ball abgetupft hat, hat gewonnen.

Organisation:
Drei Spieler mit Bällen als Fänger kennzeichnen.

Varianten, methodische Hinweise:
- Die Fänger zählen laut mit!

A 33 Mauerfangen

Medien, Material:
Viele Hütchen oder Langbänke; Bänder oder Schildmützen

Organisation:
Mehrere Mauern (4 – 6 Hütchen oder Langbank) bilden und zwei Fänger bestimmen.

Inhalt:
Die Fänger versuchen einen Spieler abzuschlagen, der dann neuer Fänger wird. Allerdings darf der Fänger nicht über die Mauer springen oder greifen.

Varianten, methodische Hinweise:
- Um eine höhere Intensität zu erreichen, kann auch in zwei Feldern gespielt werden.
- Keiner darf über die Bank springen.
- Nur der Fänger darf über die Bänke springen.

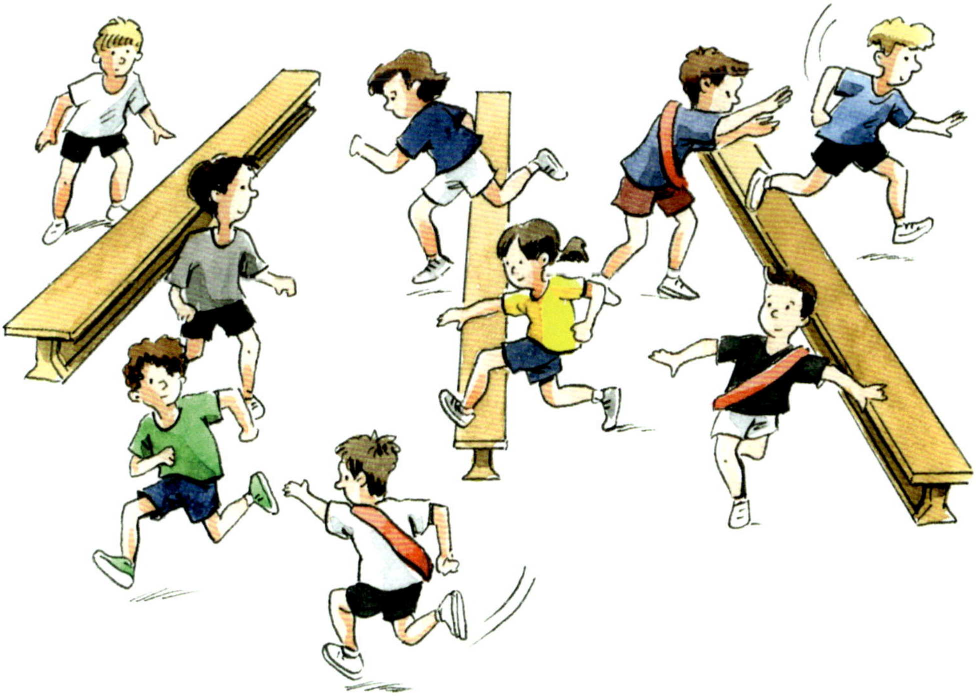

A 34 Gruppenlotto

Medien, Material:
2 Bälle

Inhalt:
Die Spieler der Gruppe A schicken einen Fänger (mit Ball) in das Feld B, der möglichst schnell fünf Spieler abtupft. Gleichzeitig versucht dies ein Spieler von B in Feld A. Wer zuerst in sein Feld zurückkehrt, hat gewonnen und seine Mannschaft erhält einen Punkt. Danach kommen die nächsten beiden Spieler an die Reihe. Welche Gruppe hat nach 5 – 7 Läufen die meisten Punkte?

Organisation:
Zwei Mannschaften und zwei Spielfelder bilden; jeder Fänger hat einen Ball.

Varianten, methodische Hinweise:
- Über mehrere Stunden spielen, so dass jeder Spieler einmal Fänger ist.
- Als Staffel spielen, d. h. wenn der erste Spieler zurückkehrt, übergibt er den Ball einem zweiten usw. Wer ist nach vier Spielern zuerst fertig?

A 35 Felderfangen

Medien, Material:
Markierungsbänder, Schildmützen o. ä., 4 Langbänke bzw. Bananenkartons

Inhalt:
Im Feld A und B befinden sich jeweils ein oder zwei Fänger, die ihre Felder nicht verlassen dürfen. Können sie einen freien Spieler abschlagen, wechselt die Aufgabe. Die zu fangenden Spieler dürfen die Felder beliebig wechseln.

Organisation:
Das Hallendrittel wird mit Langbänken o. ä. in zwei Felder A und B geteilt. Die Fänger mit verschiedenen Bändern kennzeichnen (z. B. Feld A rote Bänder, Feld B blaue).

Varianten, methodische Hinweise:
- Mit Softbällen kann auch abgeworfen werden.
- Durch das dauernde Überspringen der Bänke wird gleichzeitig die Sprungkraft und Koordination verbessert.
- Um die Intensität zu steigern, müssen die Spieler, die nicht Fänger sind, jeweils ein Linie am Feldende (bzw. die Hallenwand) berühren und dürfen dann erst wieder ins andere Feld wechseln. Wer erreicht die meisten Punkte?
- Drei Felder aufbauen.

A 36 Paar-Punktejagd

Medien, Material:
Bänder; 2 Bälle

Organisation:
Zwei Paare verschieden kennzeichnen.

Inhalt:
Zwei Paare stehen im Wettstreit miteinander. Sie versuchen in 2 – 3 Minuten möglichst viele Spieler abzutupfen und können sich dabei beliebig abwechseln. Beim Wechsel soll die bereits erreichte Zahl laut gerufen werden. Von jedem Paar ist also immer nur einer unterwegs.

Varianten, methodische Hinweise:
- Soziale Komponente wird dabei berücksichtigt, da ein besserer Spieler einfach länger fängt.

A 37 Frosch-Hüpf-Fangen

Medien, Material:
Bänder

Organisation:
Zwei Gruppen bilden, davon eine kenn zeichnen; an einer Stirnseite Matten für die Sonderaufgaben auslegen.

Inhalt:
Gruppe 1 fängt mittels Froschhüpfen möglichst schnell alle von Gruppe 2, die sich ebenfalls nur im „Froschgang“ fortbewegen dürfen. Abgeschlagene Frösche führen Sonderaufgaben aus wie 10 Strecksprünge; 10 Sit-ups mit angezogenen Beinen, 10 Liegestützen, Ganzkörperkräftigungs übungen usw. Anschließend Aufgabenwechsel. Welche Gruppe benötigt weniger Zeit?

Varianten, methodische Hinweise:
- Die abgeschlagenen Frösche haben keine Pause, sondern führen die Sonderaufgaben nacheinander aus, bis alle abgeschlagen sind.

A 38 Schluss-Sprung-Fangen

Medien, Material:
Bänder, Schildmützen

Organisation:
2-4 Fänger kennzeichnen.

Inhalt:
Alle Spieler binden die Schnürsenkel zusammen, da sie sich nur im Schlusssprung fortbewegen dürfen. Bei erfolgreichem Abschlag Aufgabenwechsel.

Varianten, methodische Hinweise:
- Beine mit Klettverschlussbändern zusammenbinden.

Koordinativ sehr anspruchsvoll!

Eigene Notizen

A 39 Kranken-Fangen

Medien, Material:
keine

Organisation:
Zwei Fänger kennzeichnen (Lehrer legt Wunde fest)

Inhalt:
Der vom Fänger Abgeschlagene muss seine „Wunde“ (Abschlagstelle) mit einer Hand zuhalten und mitfangen. Da gleich nach Beginn die Fänger mit einem „Verband“ gekennzeichnet sind, erübrigt sich ab dem dritten Fänger eine weitere Fängermarkierung. Wer bleibt übrig?

Varianten, methodische Hinweise:
- Es kann auch nur mit gleichbleibender Fängerzahl (2-3) gespielt werden, d. h. es sind immer nur 2 – 3 „Verwundete“ als Fänger im Spiel.

A 40 Stütz befreit

Medien, Material:
Bänder, Schildmützen, aufgebaute Turngeräte

Organisation:
2-4 Fänger kennzeichnen.

Inhalt:
Die Fänger versuchen, andere Spieler abzuschlagen, die dann die neuen Fänger werden. Durch Springen in den Stütz an den Geräten kann der Gejagte sich vom Fangen befreien. Dieser darf maximal drei Sekunden an seinem Freimal bleiben, dann muss er wieder mitspielen. Er darf auch nicht zweimal dasselbe Gerät hintereinander benutzen. Die Fänger dürfen nicht warten, sondern müssen einen anderen Spieler fangen.

Varianten, methodische Hinweise:
- Gefährlichkeit bestimmter Geräte (z. B. Barren) beachten.
- Eventuell die Zahl der Spieler pro Gerät begrenzen.
- Ideal als Einstieg in eine Gerätturnstunde, bei der die Übungsgeräte bereits aufgebaut sind.

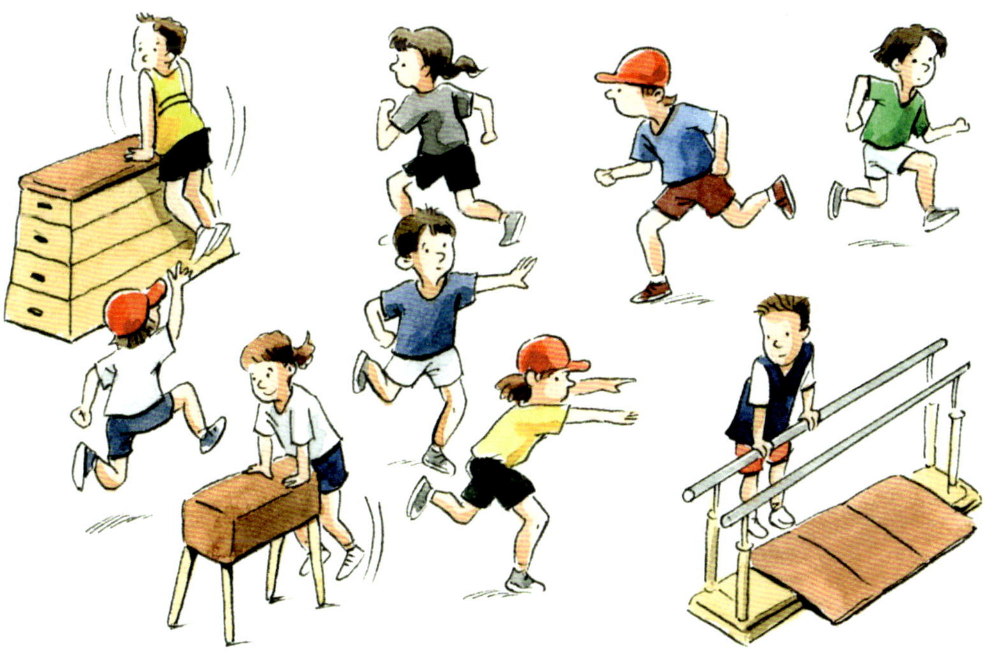

A 41 Fänger bestimmt

Medien, Material:
Bänder

Organisation:
Die Spieler auf zwei Spielfelder verteilen, jeweils einen Fänger bestimmen und kennzeichnen.

Inhalt:
In jedem Spielfeld bestimmt der Fänger die Fortbewegungsart (z. B. nur auf dem linken Bein, Rückwärtslaufen, Vierfüßlergang, normales Laufen usw.). Nach erfolgreichem Abschlag Aufgabenwechsel, und der neue Fänger legt die neue Fortbewegungsart fest.

Varianten, methodische Hinweise:
- Zur Intensitätserhöhung wird in mehreren Feldern gespielt.

A 42 Feuer frei

Medien, Material:
Viele Soft-, Stoff- und Weichbälle in der Halle verteilen; alle Größen verwenden (Wasserball; Tennissoftball etc.).

Organisation:
Die Spieler verteilen sich frei im Raum.

Inhalt:
Jeder Spieler, der einen Ball erwischt, versucht einen anderen abzuwerfen. Er darf aber mit dem Ball nicht laufen, sondern muss von der Stelle aus werfen, wo er den Ball aufgenommen hat. Für jeden Treffer gibt es einen Plus-, für jeden erhaltenen einen Minuspunkt. Wer hat nach 2 – 4 Minuten die meisten Punkte?

Varianten, methodische Hinweise:
- Mehrere Durchgänge mit verschieden langer Spieldauer wählen.
- Verschiedene Trefferflächen: Körper ohne Kopf; nur die Beine.
- Treffer zählen nur nach indirekten Würfen (der Ball muss zuerst den Boden berühren).
- Aufgefangene Bälle zählen nicht als Treffer.

A 43 Mauerfangen mit Ballprellen

Medien, Material:
Jeder Spieler hat einen Ball; viele Hütchen bzw. Langbänke; Bänder.

Organisation:
3 – 4 Mauern (4 – 6 Hütchen oder eine Langbank) im Feld verteilen; drei Fänger kennzeichnen.

Inhalt:
Gleiche Regeln wie bei Spiel A 33 („Mauerfangen"), nur prellt jetzt jeder (auch die Fänger) einen Ball. Es kann mit dem Fuß oder der Hand gespielt werden.

Varianten, methodische Hinweise:
- Wird in mehreren Feldern mit jeweils einem Fänger gespielt, dann darf dieser zwischen „Ball dribbeln" und „Ball tragen" wählen. Alle anderen müssen dies dann ebenfalls tun.
- Gespielt wird in zwei Feldern, wobei im ersten Feld der Ball mit dem Fuß geführt und im zweiten Feld der Ball mit der Hand geprellt werden muss. Nicht-Fänger dürfen das Feld beliebig oft wechseln.
- Den Ball mit dem Fuß führen.

A 44 Jägerprellball

Medien, Material:
3 Bänder oder Schildmützen; Bälle

Organisation:
Drei Jäger kennzeichnen.

Inhalt:
Die drei Jäger, die ebenso wie die anderen Spieler einen Ball prellen, versuchen einen Hasen abzuschlagen. Gelingt dies, dann erfolgt ein Rollentausch.

Varianten, methodische Hinweise:
- Wer abgeschlagen wurde, hilft ebenfalls beim Jagen (Band beim Lehrer holen!); wer bleibt bis zum Schluss übrig?

A 45 Insel fangen

Medien, Material:
10 Hütchen; Bänder

Organisation:
Mit den Hütchen fünf etwa 50 cm breite Hütchentore („Rettungsinseln“) aufbauen; drei Fänger kennzeichnen.

Inhalt:
Die Fänger versuchen ihre Mitspieler abzuschlagen, was einen Rollentausch nach sich zieht. Nicht abgeschlagen werden darf, wer eine der fünf „Rettungsinseln“ besetzt.

- Jede Rettungsinsel darf nur drei Sekunden besetzt sein.
- Eine Rettungsinsel darf nicht zweimal hintereinander vom gleichen Spieler belegt werden.
- Die Fänger dürfen an einer Rettungsinsel nicht warten.
- Stehen mehr als ein Gejagter in einer Insel, dann darf ein beliebiger abgeschlagen werden.

Varianten, methodische Hinweise:

- Die Rettungsinseln auf Linien stellen, dann ist klar ersichtlich, wer in der Insel (auf der Linie) steht.
- Markierungsstreifen oder Teppichfliesen als Inseln einsetzen.

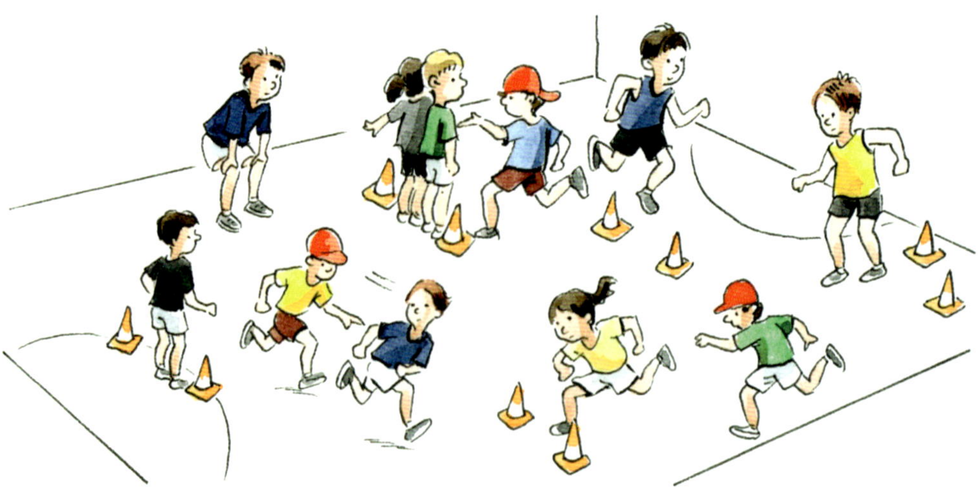

A 46 Jägerdribbelball

Medien, Material:
3 Bänder oder Schildmützen; Bälle

Organisation:
Drei Jäger kennzeichnen.

Inhalt:
Die drei Jäger, die ebenso wie die anderen Spieler einen Ball am Fuß führen, versuchen den Ball eines Hasen zu treffen. Gelingt dies, dann erfolgt ein Rollentausch.

Varianten, methodische Hinweise:
- Wessen Ball getroffen wurde, hilft ebenfalls beim Jagen (Band beim Lehrer holen!).

Eigene Notizen

A 47 Kopfball-Fangen

Medien, Material:
3 Bänder oder Schildmützen; Bälle

Organisation:
Drei Spieler kennzeichnen.

Inhalt:
Die drei Spieler mit einem Ball (Soft oder Volleyball) in der Hand versuchen andere Spieler mit dem Ball „abzuköpfen“. Gelingt dies, dann erfolgt ein Rollentausch.

Varianten, methodische Hinweise:
- Alle S, die nicht fangen, dribbeln oder prellen einen Ball.
- Fängerzahl erhöhen.
- Trefferfläche begrenzen.

A 48 Fußball-Fangen

Medien, Material:
Bälle, von denen fünf eine andere Farbe haben.

Organisation:
Fünf Spieler kennzeichnen; jeder Spieler hat einen Ball.

Inhalt:
Alle Spieler dribbeln in der Halle (im Feld). Die Fänger versuchen mit einem Ball anderer Farbe, die Bälle der anderen Spieler zu treffen. Gelingt dies, dann erfolgt ein Rollentausch.

Varianten, methodische Hinweise:
- Sind für die Fänger Bälle mit einer anderen Farbe vorhanden, dann ist eine Kennzeichnung mit Bändern ö. ä. nicht notwendig.

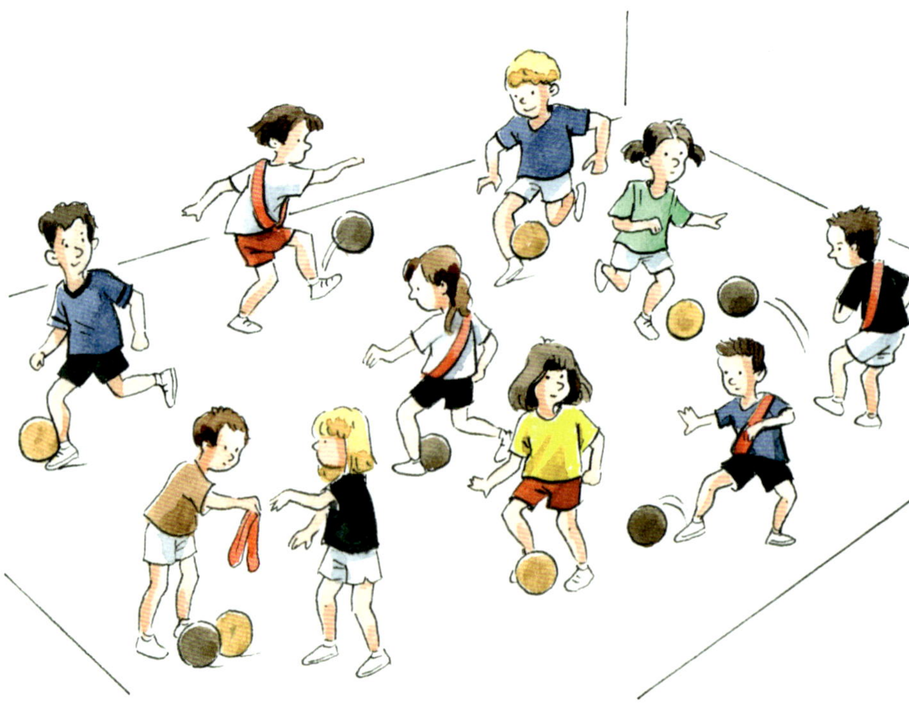

A 49 Dribbel-Fangen

Medien, Material:
Bälle, Bänder

Organisation:
2 – 4 Spieler kennzeichnen; jeder Spieler hat einen Ball

Inhalt:
Alle Spieler dribbeln in der Halle (im Feld). Die Fänger versuchen, mit dem Ball am Fuß in einer bestimmten Zeit möglichst viele Balldribbler mit der Hand abzuschlagen. Wer schafft die meisten?

Varianten, methodische Hinweise:
- Gut als Wettkampf mit mehreren Durchgängen möglich.
- Spieler prellen die Bälle.

A 50 Ball heraus

Medien, Material:
Bälle, Bänder

Organisation:
2 – 3 Spieler kennzeichnen; jeder Spieler, außer den Fängern, hat einen Ball.

Inhalt:
Die Fänger versuchen, den durch die Halle prellenden Spielern die Bälle regelrecht wegzuspielen. Diese müssen dann Sonderaufgaben erfüllen, wie z. B. fünf Liegestützen auf dem Ball, fünf Kniebeugen mit dem Ball in Vorhalte, fünf Hocksprünge über den Ball, zehn Achter mit dem Ball zwischen den gegrätschten Beinen usw. Nach einer bestimmten Zeit Fängerwechsel.

Varianten, methodische Hinweise:
- Ideal, um Gymnastik mit dem Spiel zu verknüpfen.
- Bei allen Übungen den Ball miteinbeziehen, damit diese nicht herumliegen (Verletzungsgefahr!).

A 51 Wer hat den Ball?

Medien, Material:
Bälle

Organisation:
Zwei Drittel der Spieler haben einen Ball.

Inhalt:
Die Ballbesitzer prellen den Ball in der Bewegung. Spieler ohne Ball versuchen die Bälle regelgerecht zu erobern. Nach einer bestimmten Zeit pfeift der Lehrer ab und jeder Spieler, der einen Ball hochhält, bekommt einen Punkt.

Varianten, methodische Hinweise:
- Spielzeit variieren.
- „Pädagogisch“ pfeifen, damit auch schwächere Spieler Punkte bekommen.

A 52 Medizinball treffen

Medien, Material:
Bälle; 1 – 3 Medizinbälle

Organisation:
Jeder Spieler hat einen Fuß- bzw. Medizinball.

Inhalt:
Jeder Spieler führt einen Ball am Fuß und alle Spieler ohne Medizinball versuchen diesen zu treffen. Gelingt dies, darf der Spieler, der getroffen hat, mit dem Medizinball weiterdribbeln. Wer trifft am häufigsten? Wer muss seinen Medizinball nie abgeben?

Varianten, methodische Hinweise:
- Durch das Gewicht und die Größe der Medizinbälle wird das Treffen erleichtert.
- Leichte Medizinbälle einsetzen.

A 53 Berühren

Medien, Material:
keine

Organisation:
Die Spieler verteilen sich beliebig im Spielfeld.

Inhalt:
Alle Teilnehmer versuchen in der vorgegebenen Zeit (30 – 90 Sekunden) möglichst viele andere Spieler an einem vereinbarten Körperteil (z. B. Arm, Rücken, Schulter, Po) zu berühren. Ein Spieler darf nicht zweimal hintereinander abgeschlagen werden. Wer schafft die meisten?

Varianten, methodische Hinweise:
- Lehrer ruft die Zielzahl und den Körperteil, z. B. 10mal Ellenbogen. Wer hat zuerst die Aufgabe gelöst?
- Für jeden erfolgreichen Abschlag wird ein Pluspunkt, für jede bekommene Berührung ein Minuspunkt vergeben.

A 54 Merkmalfangen

Medien, Material:
keine

Organisation:
Die Spieler verteilen sich im Spielfeld und warten auf den „Fängeraufruf“ durch den Lehrer.

Inhalt:
Die Fänger werden durch den Lehrer bestimmt, indem er Merkmale festlegt, die den oder die Fänger kennzeichnen (z. B. Brillenträger, lange Sporthose, gelbes T-Shirt). Welcher Spieler schlägt bis zum Spielende die meisten Spieler ab? Oft wechseln!

Varianten, methodische Hinweise:
- „Pädagogisch“ wechseln, d. h. „schwächere“ Spieler länger fangen lassen.
- Die abgeschlagenen Spieler der Merkmalsgruppe werden zusammengezählt.
- Sind die Gruppen verschieden stark, dann werden die erreichten Punkte durch die Anzahl der Fänger geteilt. Welche Gruppe schafft den höchsten Quotienten? Hierbei muss die Spielzeit natürlich immer gleich lang sein.

A 55 Wissensfangen

Medien, Material:
Bänder, Schildmützen

Inhalt:
Fangspiel mit normalen Regeln, doch kann der Abgeschlagene sich wieder befreien, indem er die vom Fänger gestellte Frage löst. Ansonsten wechselt die Fängerrolle. *Beispiele:* Wissensfragen aus den letzten Mathe-, Biologiestunden, Olympiasieger, Pflanzennamen, Automarken usw. Lehrer oder Spieler wählen das Gebiet aus. Zum Antworten bleiben nur drei Sekunden Zeit.

Organisation:
2 – 3 Fänger kennzeichnen.

Varianten, methodische Hinweise:
- Der Fänger bestimmt zusätzlich den Anfangsbuchstaben.
- Aufgaben altersgemäß auswählen (z. B. Kleines 1 x 1, Hauptstädte Europas usw.).

A 56 Zeitungabschlagen

Medien, Material:
Mehrere zusammengerollte Zeitungen

Inhalt:
Die Fänger schlagen in einer vorgegebenen Zeit möglichst viele Spieler ab. Welcher Fänger schafft die meisten Abschläge?

Organisation:
2 – 4 Fänger mit Zeitungen ausstatten.

Varianten, methodische Hinweise:
- Bänder oder Tennisringe statt Zeitungen benützen.

A 57 Sanitäterspiel

Medien, Material:
Bänder, Schildmützen, 2 Weichböden

Organisation:
1 – 3 Fänger kennzeichnen.

Inhalt:
Schlagen die Fänger einen Spieler ab, dann setzt sich dieser hin bzw. bleibt einfach stehen und ruft nach „Sanitätern“. Noch nicht abgeschlagene Spieler eilen herbei und tragen den „Verletzten“ ins Sanitätszelt (Weichboden). Danach darf dieser wieder mitspielen. Die „Sanitäter“ dürfen während ihrer Rettungsaktion gemäß der Genfer Konvention nicht abgeschlagen werden.
Fängerwechsel nach 2 – 3 Minuten bzw. wenn alle Spieler abgeschlagen sind.

Varianten, methodische Hinweise:
- Erst wenn ein Spieler den „Verletzten“ berührt, darf er nicht mehr abgeschlagen werden.
- 4 – 6 feste „Sanitäter“ (kennzeichnen!), die die Verletzten ins Krankenzelt transportieren. 3 Rollbretter zum Abtransport einsetzen.

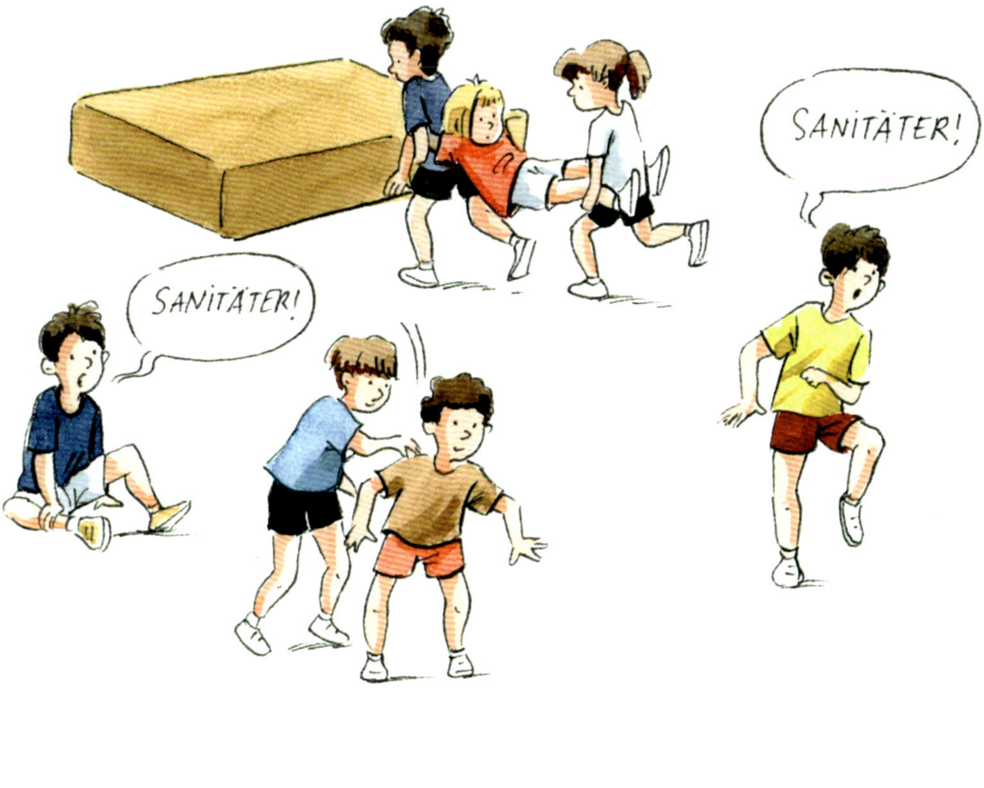

A 58 Mister X

Medien, Material:
Bänder, Schildmützen, Spielkarten

Organisation:
1 – 2 Fänger kennzeichnen und die restlichen mit den Spielkarten ausstatten.

Inhalt:
Normales Fangspiel mit den bekannten Regeln, nur dass der Fänger weiter fangen muss, wenn ihm der Abgeschlagene die „Abtauchkarte" des Mister X zeigt (dies können Joker-Karten oder z. B. alle Asse sein). Diese Karten müssen die Spieler untereinander weitergeben. Bei jedem Zusammentreffen tauschen die Spieler ihre verdeckten Karten aus. Erst wenn ein Fänger einen abschlägt, wird die Karte umgedreht. Ist es eine „Mister-X-Karte" bleibt der Fänger, ansonsten Fängerwechsel.

Varianten, methodische Hinweise:
- Ideales Kommunikations- oder Kennenlern-Spiel, wenn bei jedem Zusammentreffen die Namen gesagt werden.
- Darauf achten, dass keiner die „Mister-X-Karte" nicht weitergibt. Darum erst beim Abschlag die Karte umdrehen.

A 59 Längste Schlange gewinnt

Medien, Material:
Bänder

Organisation:
2 – 4 Fänger kennzeichnen.

Inhalt:
Die Fänger schlagen Spieler ab, die dann als neue „Schlangenglieder" sich anhängen. Nur der Schlangenkopf darf fangen. Wer hat nach 1 – 3 Minuten die längste Schlange?

Varianten, methodische Hinweise:
- Zum Anhängen evtl. Tennisringe verwenden.

A 60 Bälle klauen

Medien, Material:
Bälle

Organisation:
Jedem Spieler einen Ball austeilen.

Inhalt:
Die Spieler prellen die Bälle durch die Halle und versuchen mit der freien Hand einen anderen Ball herauszuspielen. Gelingt dies, dann prellen sie mit zwei Bällen weiter. Der „Balllose" darf nicht sofort den gleichen Ball zurückerobern.

Varianten, methodische Hinweise:
- Verschiedene Bälle benützen.

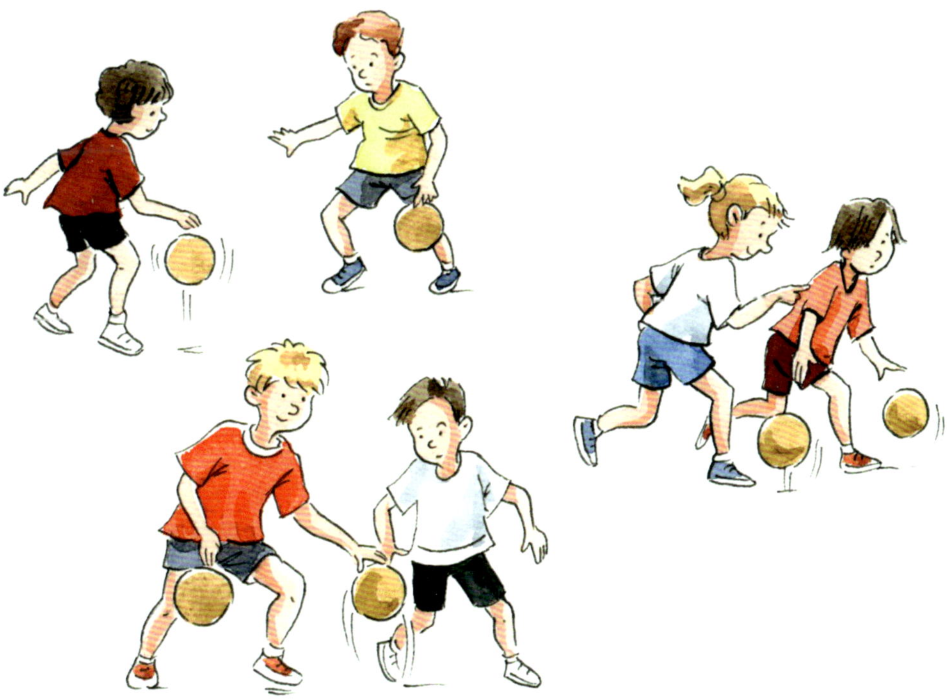

A 61 Verzaubern

Medien, Material:
Bäller; 3 – 6 Bänder

Organisation:
Jeder Spieler 1 Ball; 3 – 6 Fänger kennzeichnen.

Inhalt:
Die mit Bändern gekennzeichneten Fänger („Zauberer") verzaubern die anderen Spieler durch Berührung in unbewegliche Steine. Die Spieler, die noch nicht verzaubert sind, können diese durch Berühren, Prellen des Balles durch die gegrätschten Beine o. ä. wieder befreien. Schafft es eine Zauberergruppe alle Spieler zu versteinern? Dann fängt eine neue Gruppe an. Ansonsten Wechsel nach 2 – 3 Minuten.

Varianten, methodische Hinweise:
- Fängerzahl dem Leistungsstand anpassen, eventuell auch beim zweiten Durchgang abändern.
- Befreiungsaufgabe altersgemäß auswählen.

A 62 Polizei und Dieb

Medien, Material:
Bänder; 6 Bälle; 4 – 6 Reifen; 1 – 2 Langbänke

Organisation:
In einer Hallenecke ein „Gefängnis" mit umgekippten Langbänken kennzeichnen. Rund ein Viertel der Spieler als Polizisten kennzeichnen und mit Bällen ausstatten. Die Reifen beliebig im Feld verteilen.

Inhalt:
Die Polizisten tupfen die Diebe mit den Bällen ab und *führen* sie ins Gefängnis. Die Diebe können sich der Gefangennahme entziehen, indem sie sich in einen Reifen stellen. Hier ist es aber unbequem, da man hier nur auf einem Bein stehen darf. Diebe können sich aus dem Gefängnis befreien, indem sie unter der Bank durchkriechen. Wie lange dauert es, bis die Polizisten alle Diebe ins Gefängnis gebracht haben bzw. wie viele Diebe sind am Spielende noch frei?

Varianten, methodische Hinweise:
- Ein Dieb darf nicht zweimal hintereinander den gleichen Reifen benützen.
- Den Aufenthalt im Reifen auf 3 Sekunden begrenzen.
- Diebe können aus dem Gefängnis durch Freischlagen befreit werden.
- Die Anzahl der „Gefängniswärter" begrenzen.

A 63 Äpfel klauen

Medien, Material:
2 Langbänke, viele verschiedene Bälle, Bänder, 4 Hütchen

Organisation:
Zwei Mannschaften bilden und an den Hallenstirnseiten die Bänke umgekippt auf stellen. In der Hallenmitte eine „Fängerzone" markieren.

Inhalt:
Beide Mannschaften versuchen, soviel Äpfel wie möglich bei der Gegenpartei zu „klauen". Werden sie aber in der „Fängerzone" abgeschlagen, müssen sie den Ball zurücktragen und mit einem anderen Ball von Neuem beginnen. Welche Mannschaft hat nach 2 oder 3 Minuten die meisten Bälle in ihrem Versteck?

Varianten, methodische Hinweise:
- Die Bälle müssen gedribbelt oder geprellt werden.

A 64 Partner klauen

Medien, Material:
keine

Organisation:
Jeweils zwei Spieler haken sich an den Armen ein, außer zwei bis vier Spielern, die Fänger bzw. Gejagte sind.

Inhalt:
Die eingehakten Paare bewegen sich laufend in der Halle. Nicht eingehakt sind lediglich ein oder zwei Fänger und die von ihnen gejagten Spieler. Bei Abschlag wechselt die Rolle. Der Gejagte kann sich aber retten, indem er sich bei einem Paar am freien Arm einhakt. Dann wird der Partner auf der anderen Seite zum Gejagten.

Varianten, methodische Hinweise:
- Der freie Partner wird nicht zum Gejagten, sondern zum Fänger und der bisherige Fänger zum Gejagten.

A 65 Prellfänger

Medien, Material:
Bälle

Organisation:
3 – 6 Spieler mit Bällen als Fänger kennzeichnen

Inhalt:
Die Fänger laufen und prellen dabei den Ball. Sie schlagen mit der freien Hand Spieler ohne Ball ab. Alle abgeschlagenen Spieler holen ebenfalls einen Ball und helfen den Fängern. Welche 2-3 Spieler bleiben übrig?

Varianten, methodische Hinweise:
- Dadurch, dass 2-3 Bälle weniger als Spieler eingesetzt werden, ist eine Gewinnerermittlung leicht möglich.
- Die Sieger beginnen in der zweiten Runde als Fänger.
- Koordinativ sehr anspruchsvolle Aufgabe!

A 66 Zweierfangen

Medien, Material:
keine

Organisation:
Paare bilden und einen Spieler „gerade“, den anderen „ungerade“ benennen.

Inhalt:
Die ganze Gruppe läuft locker durch die Halle. Nach Pfiff ruft der Spielleiter eine Zahl. Ist diese gerade, dann fängt der Spieler mit der geraden Zahl seinen Partner, ansonsten umgekehrt. Schafft der Fänger dies innerhalb von 15 Sekunden, dann bekommt er den Punkt, ansonsten sein Partner. Wer hat nach 6 Durchgängen die meisten Punkte?

Varianten, methodische Hinweise:
- Die Fortbewegungsart der Fangpause verändern (rückwärts, in der Hocke, auf Zehenspitzen, ...).
- Die Pausenlängen variieren.
- Je nach Punktestand neue Partner zuordnen.

A 67 Katz – Maus – Elefant

Medien, Material:
keine

Inhalt:
Auf Pfiff müssen die Katzen nun die Mäuse fangen, die Mäuse die Elefanten und die Elefanten jagen die Katzen. Wer abgeschlagen wird bleibt stehen und kann nur durch einen Mitspieler seiner Tiergruppe durch einen Freischlag wieder befreit werden. Von welcher Tierart sind am Ende noch die meisten frei? Mehrerr Durchgänge mit verschiedener Zeitdauer spielen.

Organisation:
Drei Gruppen, eine Katzen-, eine Mäuse- und eine Elefantengruppe, bilden. Die Gruppen halten sich bei Spielbeginn zusammen an einem Platz auf und „kennzeichnen" sich als Katzen, Mäuse und Elefanten. Dies geschieht wie folgt: Die Katzen legen ihre Hände an die Ohren, die Mäuse formen die Hände vor dem Gesicht zu einem Spitzmäulchen und die Elefanten fassen sich mit einer Hand an die Nase und legen die andere durch die Armbeuge hin durch, so dass ein Rüssel entsteht.

Varianten, methodische Hinweise:
- Abgeschlagene Tiere werden zu Tieren der Gruppe, von denen sie abgeschlagen wurden.

A 68 Gold in China holen

Medien, Material:
2 Langbänke, viele Bälle; Bänder, 4 Hütchen

Inhalt:
Die „Goldholer" (zwei Mannschaften) versuchen, das Gold von der anfangs vollen Bank zum „Goldversteck" (auf der anderen Hallenseite) zu transportieren. Werden sie aber in der Fängerzone abgeschlagen, so müssen sie ihr „Gold" zurückbringen und mit einem neuen „Goldbarren" starten. Wie viele Goldbarren bringen sie in der vorgegebenen Zeit in ihr Versteck? Danach sind die anderen zwei Mannschaften jeweils einmal als Fängerpartei an der Reihe. Sieger ist die Mannschaft, die den geringsten „Goldtransport" zugelassen hat. Spielzeit 2 – 4 Minuten.

Organisation:
Drei Mannschaften bilden. An der Hallenstirnseite die umgekippten Langbänke aufstellen und eine mit den Bällen füllen. Eine Fängerpartei besetzt die in der Mitte markierte Fängerzone.

Varianten, methodische Hinweise:
- Die Bälle müssen gedribbelt oder geprellt werden.

A 69 Nummern fangen

Medien, Material:
Bälle

Organisation:
Jeder Spieler erhält einen Ball und eine Nummer.

Inhalt:
Die Spieler prellen den Ball im Raum. Auf Pfiff halten sie ihren Ball fest und der Spielleiter ruft eine Nummer auf. Der betreffende Spieler hebt kurz die Hand und ist nun Fänger. Durch Abschlagen eines anderen Spielers wird dieser zum Fänger oder der Spielleiter pfeift erneut und ruft einen neuen Fänger auf.

Varianten, methodische Hinweise:
- Mehrere Fänger aufrufen
- Der Ball muss mit dem Fuß geführt werden.
- Wechsel zwischen Prell- und „Jagdzeit". Dabei darf in der Fangzeit/Jagdzeit der Ball getragen werden und ein Abtupfen mit dem Ball erlöst den Fänger. Der Abgetupfte ist neuer Fänger.

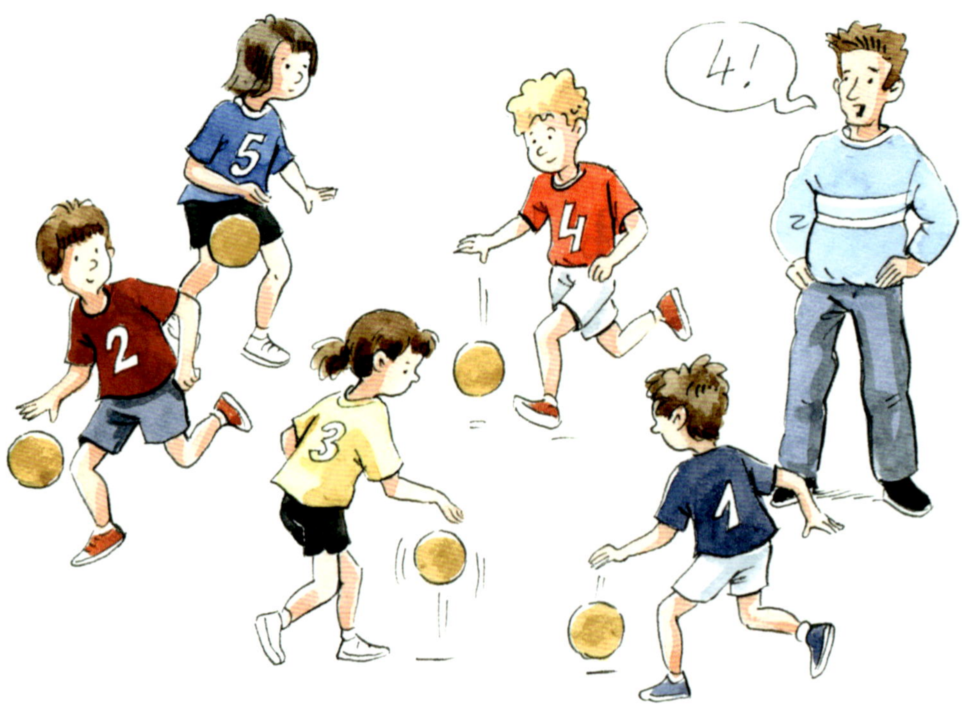

A 70 Erstarren und erwachen

Medien, Material:
Tennisbälle; Parteibänder

Organisation:
Jeder 1 Tennisball, ca. ein Drittel / ein Viertel der Spieler als Fänger kennzeichnen.

Inhalt:
Alle Spieler bewegen sich frei in der Halle und prellen dabei ihren Tennisball. Die Fän ger müssen den Tennisball nicht prellen, sie tupfen ihre Mitspieler/innen damit nur ab. Wer abgetupft wurde, erstarrt sofort. Prellt ein Mitspieler seinen Tennisball durch die gegrätschten Beine eines erstarrten Mitspielers, so ist dieser wieder aufgetaut und kann wieder davonlaufen und weitere Mitspieler erlösen bzw. selbst wieder gefangen werden. Ziel der Fänger ist es, möglichst alle Gegner erstarren zu lassen.

Varianten, methodische Hinweise:
- Die Fänger können nach dem Abtupfen gewechselt werden, das Erstarren entfällt.
- In einer schwereren Form prellen auch die Fänger den Tennisball.
- Je nach Hallenboden kann das Spiel auch nur auf Linien gespielt werden.

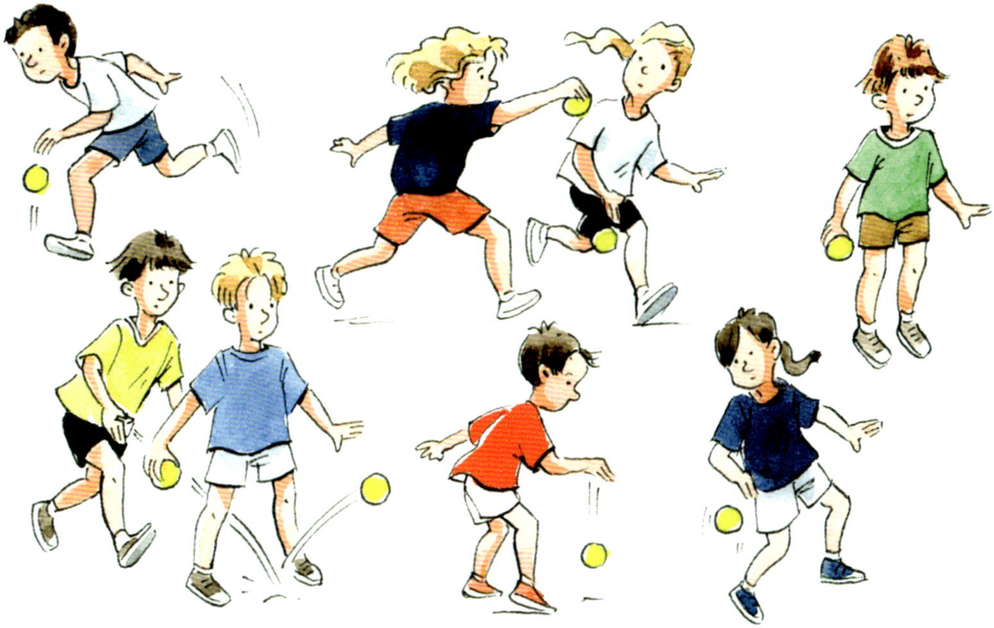

A 71 Ostereier sammeln

Medien, Material:
ca. 100 – 200 nummerierte Tennisbälle; Kastenteile; Gymnastikreifen

Inhalt:
- Auf ein Signal des Spielleiters sammelt jeder Hase für sich möglichst viele Ostereier.
- Wer hat die meisten Eier in seinem Nest gesammelt?
- Mehrere Durchgänge spielen, eventuell mit Punktewertung.

Organisation:
Die Tennisbälle liegen in zwei nebeneinander gestellten Kastenteilen, alle sind durchnummeriert, einige „Joker" ohne Nummer sind möglich. Im großen Kreis um dieses „Hauptnest" haben alle Hasen ihre Nester aufgebaut, entweder umgedrehte Kleinkästen oder Kastenteile oder Gymnastikreifen. Alle Hasen sitzen in ihren Nestern.
Für die Spiele ist wichtig, dass die Bälle nicht geworfen werden dürfen. Prinzipiell sind die Spiele in verschiedenen Fortbewegungsarten spielbar.

Varianten, methodische Hinweise:
- Es bietet sich an, mehrere Spiele der Serie direkt hintereinander durchzuspielen und dabei die Fortbewegungsarten zu variieren.
- Aus Sicherheitsgründen sollten die Verbindungszapfen der Kastenteile zum Boden zeigen, um Verletzungen vorzubeugen.
- Es zählen nur Bälle mit geraden Zahlen, nur Zweier- oder Dreierzahlen. Nach den einzelnen Spielrunden werden die Bälle wieder ins Hauptnest zurückgelegt.
- Es dürfen auch Bälle aus anderen Nestern geraubt werden, wobei die direkt danebenliegenden ausgenommen sind.
- Welcher Spieler hat nach 2 – 3 Minuten die meisten Bälle in seinem Nest?
- Die Ostereier werden in den anderen Nestern abgelegt.
- Mit den Bällen in jedem Nest können auch verschiedene Rechenspiele gespielt werden. Hier einige Anregungen: Wer errechnet genau die Summe 50, 70, 246, ...? Wer kommt auf die meisten Bälle mit einer 2 in der Zahl? Wer hat die kleinste Gesamtsumme? Am Ende der Spielserie müssen die Bälle wieder geordnet zurückgebracht werden. Dies kann durch ein Abrufen der Zahlen nacheinander oder in Zahlengruppen geschehen. Hierbei sind auch verschiedene Fortbewegungsarten wie vorwärts, rückwärts oder seitwärts laufen, auf einem Bein springen oder mit zwischen den Beinen eingeklemmten Bällen springen gut einsetzbar.
- Als gute Variante hat sich auch die Spielserie in Zweierteams erwiesen. Zwei Partner kooperieren miteinander und versuchen gemeinsam, ihr Nest zu füllen.

A 72 Ostereier-Großtransport

Medien, Material:
s. Spiel A 71

Organisation:
s. Spiel A 71

Inhalt:
In diesem Spiel geht es wieder darum, möglichst viele Bälle zu sammeln. Nun dürfen aber auch mehrere Bälle gleichzeitig transportiert werden, und zwar so viele, wie die Spieler in ihren Händen tragen können. Dabei dürfen auch Bälle aus anderen Nestern geraubt werden. Nur die direkten Nachbarn sind ausgenommen.

Varianten, methodische Hinweise:
- Die Spieler können nun auch ihr Nest bewachen und die anderen Mitspieler daran hindern, Bälle aus ihrem Nest zu holen. Wer vom Besitzer eines Nestes beim Raub berührt wird, muss die Bälle wieder zurücklegen und in anderen Nestern suchen. So bleiben aggressive Handlungen unterbunden und das Spiel bekommt eine zusätzliche, raffinierte Komponente.
- Wir spielen in zwei Gruppen. Welche Gruppe hat am Ende die meisten Eier in ihren Nestern?

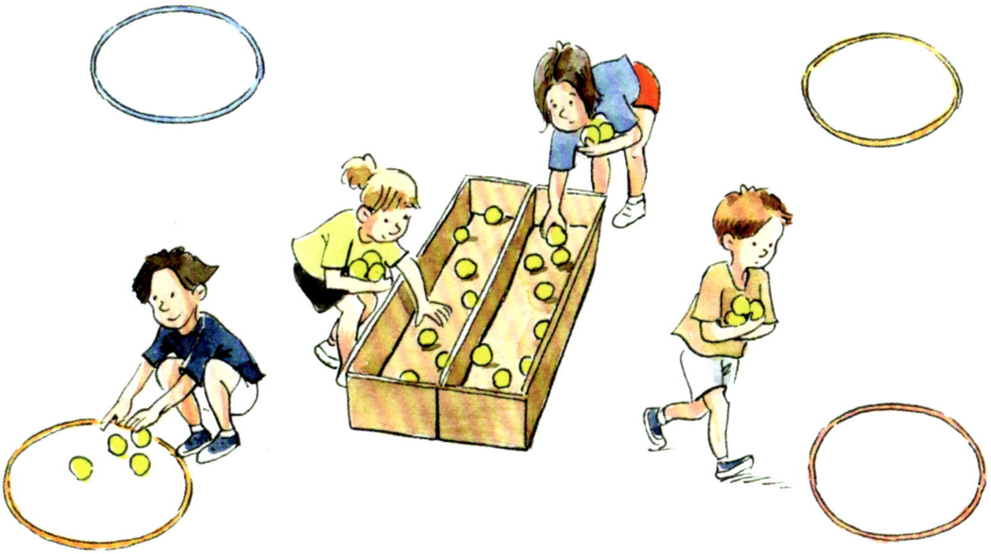

A 73 Paarsitzball

Medien, Material:
Softbälle

Organisation:
Alle Spieler bilden Paare; 4 – 6 Softbälle liegen im Spielfeld.

Inhalt:
Wer einen Ball besitzt, wirft einen beliebigen Mitspieler ab. Mit Ball darf nicht gelaufen werden. Wer getroffen wurde, setzt sich auf den Boden und kann dadurch wieder befreit werden, indem er einen umherfliegenden Ball aufnimmt oder der Ball von seinem Partner ihm zugeworfen wurde. Sind beide Partner getroffen, dann müssen diese außerhalb des Spielfeldes eine Zusatzaufgabe erfüllen (je 10 Liegestütze; 1 Strafrunde gemeinsam laufen; je 5 Bocksprünge ausführen...)
Spielzeit: 4 – 6 Minuten
Wer wird nicht getroffen?

Varianten, methodische Hinweise:
- Wer kann mehr als 5 Spieler abwerfen?
- Gefangene Bälle zählen nicht als Treffer.
- Trefferfläche nur die Beine

A 74 Formel I

Medien, Material:
Bälle; Reifen, Weichboden, Hütchen, Kastenteile, Matten o. Ä.

Organisation:
Jeder Spieler 1 Ball; Reifen, Weichboden, Matten, Hütchen, Kastenteile o. Ä. werden als Rundkurs ausgelegt und bilden die Rennstrecke

Inhalt:
Jeder Spieler startet mit 10 Punkten auf die Rennstrecke und versucht in 5-7 Minuten möglichst viele Runden ohne Zusammenstöße (Berühren der Gegenstände) und ohne Verlassen der Rennstrecke (= Ballverlust) zurückzulegen.
Wer hat nach 5, 7 Minuten noch mehr als 5 Punkte? Wer hat noch die meisten Punkte und/oder die längste Strecke absolviert?

Varianten, methodische Hinweise:
- Wer keine Punkte mehr hat, muss durch Werfen des Balles gegen die Wand tanken! Pro gefangenen Ball gibt es wieder einen Punkt!
- Wir fahren rückwärts!
- Sechs-Tage-Rennen: Paare bilden, immer abwechselnd eine, zwei Runden fahren.
- Die Fahrer bestimmen selbst die Rundenzahl.

A 75 Glücksball

Medien, Material:
Bänder; Schaumstoffwürfel; Kopiervorlagen mit den Zusatzaufgaben; eventuell Bälle

Organisation:
4 – 6 Mannschaften zu je 3 – 5 Spielern bilden; für je zwei Mannschaften ein Spielfeld bestimmen

Inhalt:
Der erste Spieler der Mannschaft A wirft den Würfel gegen die Wand und merkt sich die Würfelaugen. Bevor Mannschaft B an die Reihe kommt, muss die Mannschaft die gewürfelte Augenzahl als Sonderaufgabe ausführen. Dann ist Mannschaft B mit Würfeln an der Reihe.
Welche Mannschaft hat nach 6 - 10 Minuten die meisten Punkte erwürfelt?
Mögliche Aufgaben:
1: „Den Ball 10-mal prellen“ oder „Eine Hallenrunde laufen“
2: Den Ball ohne Pause 20-mal beidhändig prellen oder „10 x über eine Linie beidbeinig springen“
3: „Werfe den Ball 5-mal in die Luft; klatsche hinter dem Rücken in die Hände und fange den Ball wieder auf“ oder „Jeder führt 10 Hampelmannsprünge aus“
4: „Werfe den Ball 20-mal in die Luft und fange diesen ohne Bodenkontakt wieder auf“ oder „Springe 4-mal auf jedem Bein vor und zurück“
5: „Prelle den Ball 5-mal um dich herum“ oder „Lege im Entengang 5 Schritte vor und fünf rückwärts zurück“
6: Glückswurf ohne Zusatzaufgabe!

Varianten, methodische Hinweise:
- Welches Team hat zuerst 40 Punkte erreicht?
- Beim Wurf einer „3“ werden 3 Punkte abgezogen.
- 2. Durchgang mit neuem Gegner spielen

A 76 Paar-Reifendrehen

Medien, Material:
Reifen

Organisation:
Alle Spieler bilden Paare; jeder Spieler hat 1 Reifen; Aufstellung ca. 5-8 m gegenüber.

Inhalt:
Beide Spieler drehen ihren Reifen und wechseln die Seite. Kommen beide bei den Reifen an, bevor einer auf dem Boden liegt, erhalten sie einen Punkt!
Danach darf sofort wieder gedreht werden.
Spielzeit: 4-6 Minuten
Welches Paar hat mehr als 5; 8 Punkte erreicht?
Welches Paar die meisten?

Varianten, methodische Hinweise:
- Als Gruppenwettbewerb in Kreisaufstellung. 5-8 Spieler je Gruppe, es muss einmal die ganze Gruppe umlaufen werden.
- Erleichterung: Immer nur bis zum übernächsten Reifen laufen.

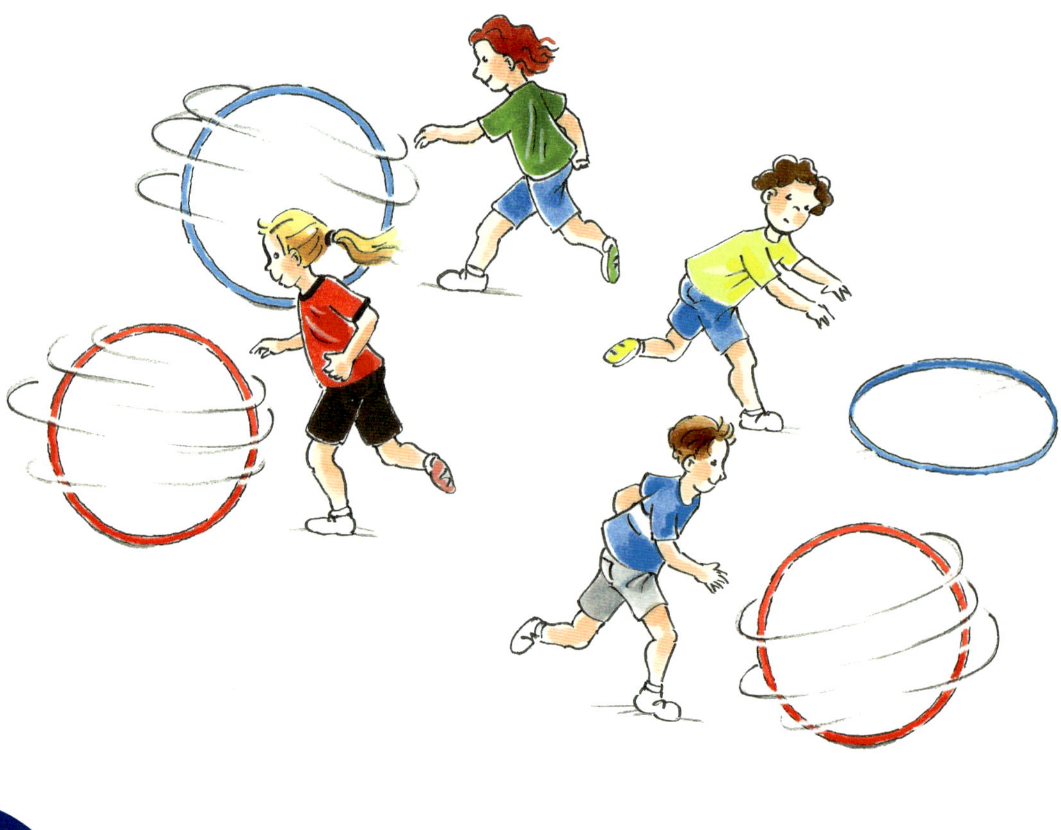

A 77 Hundert gewinnt

Medien, Material:
Zahlenkarten von 1-100; Bälle; Reifen, Würfel; Papier, Stifte

Organisation:
3er-Gruppen bilden; jede Gruppe hat 1 Blatt und 1 Stift und schreibt ihren Gruppennamen, die Gruppennummer auf das Blatt; jeder Spieler hat 1 Ball; die Zahlenkarten werden beliebig im Spielfeld verteilt.

Inhalt:
Der erste Spieler jeder Gruppe beginnt mit würfeln und ruft laut die gewürfelte Zahl. Diese Zahl (z.B. „4“!) wird nun von allen Gruppenmitgliedern auf dem Spielfeld gesucht. Dabei prellt jeder Spieler seinen Ball. Hat ein Gruppenmitglied die Zahl gefunden, bleibt er bei der Zahlenkarte stehen und ruft seine Gruppe zu sich. Stimmt die gefundene Zahl mit der gesuchten Zahl überein, prellen alle ihren Ball zur Ausgangsstation zurück und tragen die Zahl (hier „4“) auf dem Gruppenblatt ein. Die Zahlenkarten bleiben im Spielfeld liegen.
Jetzt kommt der zweite Spieler an die Reihe und notiert die gewürfelte Zahl hinter der ersten auf dem Blatt, beispielsweise 4 (war die erste Zahl) + 5 (zweite gewürfelte Zahl) und notiert die Summe (4 + 5 = 9). Jetzt sucht die ganze Gruppe die Zahl „9“.
Danach kommt der dritte Spieler an die Reihe und notiert die neue Suchzahl, z. B. 9 + 1 = 10!
Welche Gruppe hat zuerst die 100 erwürfelt und erlaufen?

Varianten, methodische Hinweise:
- Wer hat nach 8-10 Minuten die höchste Zahl erreicht?
- Ball wird nicht geprellt, sondern mit dem Fuß gespielt.
- Ball tragen, rollen ...
- Anspruchsvoll: Pro Gruppe nur einen Ball, der zugepasst wird.

B Abwurf- und Gruppenspiele

- Für die Abwurfspiele eignen sich Softbälle, besonders ideal sind die Super-Softbälle des Erhard-Sport-Versands, die auch vortrefflich bei den vielen Gruppenspielen wie Brettball, Squash-Handball usw. eingesetzt werden können. Sie springen gut, sind äußerst weich und griffig und daher angenehm zu spielen (Gewichte: Gymnastikbälle von 150 – 300 g, Volleyball 220 g, Fußball 260 g, Gr. 5, Basketball 400 g).
- Die Trefferfläche muss sinnvoll begrenzt werden, z. B. nur die Beine; Kopftreffer gelten nicht.
- Die Kennzeichnung der Jäger oder Fänger geschieht mit Bändern oder Hemdchen.
- Fair Play ist oberstes Gebot, da der Lehrer nicht bei allen Spielfeldern als Schiedsrichter fungieren kann.
- Jedes Gruppenmitglied ist am Erfolg beteiligt!
- Weiche Bälle verwenden
- Anzahl der vorgegebenen Kontakte verändern (Direktspiel; 2-4 Ballkontakte)
- Veränderung der Torgröße (nicht jede Mannschaft muss auf ein gleich großes Tor spielen!)
- Nicht alle Mannschaften müssen mit gleich vielen Personen spielen (Unter- bzw. Überzahlspiele).
- Wurfabstände individuell festlegen
- Unterschiedliche Aufgaben für die Gruppen bzw. Personen

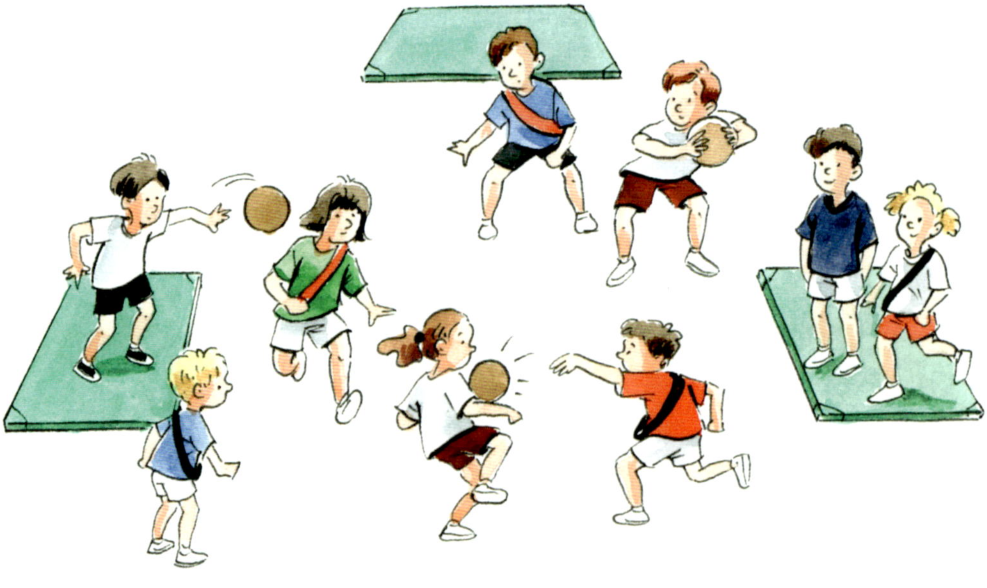

B 1 Jägervermehrung

Medien, Material:
So viel Bänder wie Spieler, 1 Softball

Organisation:
Jäger kennzeichnen

Inhalt:
Der Jäger schießt die Hasen ab. Solange er alleine ist, darf er mit dem Ball in der Hand laufen. Hat er einen Hasen getroffen, holt dieser beim Lehrer ein Band und hilft als Jäger mit. Von jetzt an darf mit dem Ball in der Hand nicht mehr gelaufen werden. Jeder getroffene Hase vermehrt die Jägerzahl. Wer bleibt übrig? *Wichtige Regeln:*
– mit Ball darf nicht gelaufen werden;
– Treffer zählen nur ab Halshöhe (evtl. nur Beintreffer oder bis Hüfthöhe);
– nur direkte Treffer zählen;
– auch gefangene Bälle zählen als Treffer („Wer fängt schon eine Gewehrkugel des Jägers auf?“).

Varianten, methodische Hinweise:
- Eventuell zu Beginn das Spielfeld verkleinern.
- Zum Bändereinsammeln das Ganze umgekehrt spielen (Jäger ohne Band, getroffene Hasen geben beim Lehrer das Band ab und jagen mit).

B 2 Gruppenjägerball

Medien, Material:
5 – 6 Bänder, 1 Softball

Organisation:
Mitspieler in gleichstarke Gruppen einteilen; eine Gruppe mit Bändern kennzeichnen.

Inhalt:
Die Jäger (gekennzeichnete Gruppe) haben 2 – 3 Minuten Zeit, um möglichst viele Hasen abzuschießen. Der Leiter zählt die Treffer laut mit und zeigt sie mit den Fingern an. Grundregeln siehe Spiel B 1.
Zusätzlich gilt:
- ein Hase darf nicht zweimal hintereinander abgeworfen werden;
- getroffene Hasen spielen weiter mit (niemand scheidet aus).
- Danach Jägerwechsel. Welche Gruppe schafft die meisten Treffer?

Varianten, methodische Hinweise:
- Eventuell auch über mehrere Stunden spielen und die Ergebnisse notieren.
- Dazu sind feste Gruppen, die über einen längeren Zeitraum zusammenbleiben, ideal.
- Nicht auf Zeit spielen, sondern die Zeit stoppen bis z. B. 10 oder 15 Hasen getroffen sind.

B 3 Jägerball mit Erlösen

Medien, Material:
5 – 6 Bänder, 1 Softball, 4 Hütchen

Organisation:
Etwa ein Drittel der Spieler als Jäger kennzeichnen. Spielfeld: Volleyballfeld, um das im Abstand von einem Meter eine Laufstrecke mit Hütchen markiert ist.

Inhalt:
Die Jäger und Hasen befinden sich zu Beginn alle im Volleyballfeld. Die Jäger schießen die Hasen ab, die dann 1 – 3 Runden um die Hütchen laufen müssen, bevor sie wieder mitspielen dürfen. Welche Mannschaft schickt in der vorgegebenen Zeit (2 – 4 Minuten) die meisten Hasen auf die Laufstrecke. Schafft es ein Jägerteam, dass alle Hasen laufen? Regeln siehe Spiel B 1.

Varianten, methodische Hinweise:
- Es kann eventuell über mehrere Stunden gespielt werden.
- Die Jägerzahl auf die Hälfte erhöhen und dann solange spielen bis alle Hasen laufen; dazu kann auch notwendig sein, die Laufstrecke zu verlängern. Wer hat die beste Zeit?
- Auf der Laufstrecke Bälle prellen bzw. führen.

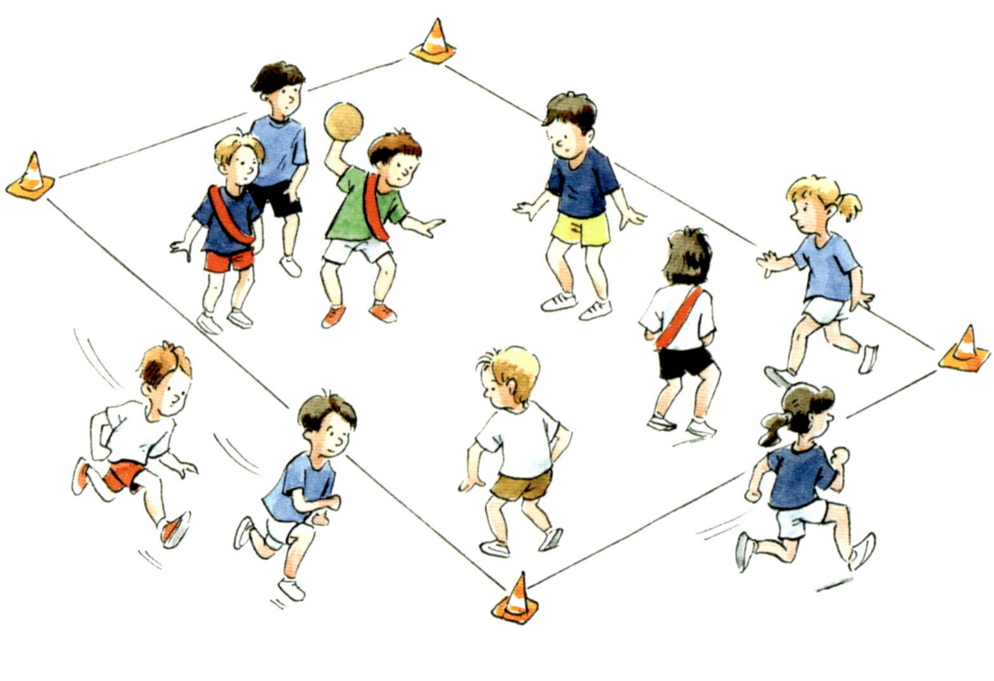

B 4 Jägerball mit Erlösen u. Strafrundenlaufen

Medien, Material:
Bänder, 1 Softball, 4 Hütchen

Organisation:
Siehe Spiel B 3.

Inhalt:
Wie Spiel B 3, nur müssen die Jäger bei jedem Fehlwurf („Fehlschuss“) ebenfalls eine bestimmte Zahl von Runden laufen (1 – 2 weniger als die Hasen!). Wertung und Regeln sind gleich wie bei Spiel B 3.

Varianten, methodische Hinweise:
- Durch diese Zusatzregel wird ein unüberlegtes Werfen vermieden und der „Jagdeffekt“ (Zusammenspiel, warten auf gute Wurfposition etc.) gefördert.

B 5 Aufgerufene Farbe jagt

Medien, Material:
Verschiedenfarbige Bänder

Organisation:
2 – 4 gleichstarke Gruppen bilden und mit verschiedenfarbigen Bändern kennzeichnen (z. B. gelb, rot, blau und ohne Band).

Inhalt:
Eine Gruppe beginnt zu jagen (Jägerballregeln!); Treffer zählen. Nach 1 – 2 Minuten bestimmt der Lehrer eine andere Fängergruppe (aufrufen der neuen Farbe oder hochhalten des entsprechenden Bandes). Die bisherigen Jäger lassen den Ball liegen und die neuen jagen. Welche Farbe schafft nach einem oder mehreren Durchgängen, die verschieden lang dauern können, die meisten Treffer?

Varianten, methodische Hinweise:
- Die Gruppe zählt laut ihre Treffer (eventuell entsprechenden Spieler vorher festlegen).
- Bei jedem weiteren Durchgang werden die Treffer einfach weitergezählt.
- Ein Band pro Farbe in der Hand als Gedächnisstütze (z. B. nach Aufruf in die andere Hand nehmen oder ablegen).
- Die Gruppenmitglieder spielen sich zwei Bälle zu. Nach Aufruf der Gruppenfarbe möglichst viele andere Spielerinnen abtupfen. Mit Ball dürfen dabei maximal 3 (5) Schritte gelaufen werden. Nichtfänger tragen ihre Bälle (wegen Verletzungsgefahr!).

B 6 Strafjägerball

Medien, Material:
5 – 6 Bänder, 1 Softball, evtl. Seile, Matten usw.

Organisation:
5 – 6 Spieler als Jäger kennzeichnen.

Inhalt:
Die Jäger werfen die Hasen ab, die dann Sonderaufgaben erfüllen müssen, bevor sie wieder mitspielen können. Mögliche Sonderaufgaben, die beim ersten, zweiten usw. Abwurf gemacht werden müssen:
- 25 Seildurchschläge,
- 10 Liegestützen,
- 10 Streckspünge,
- 10 Crunches usw.
  Wertung und Regeln wie bei Spiel B 2.
- 2 Korbleger
- Kopfball in den Korb
- 10 Mal den Ball jonglieren

Varianten, methodische Hinweise:
- Ideal zur allgemeinen Kräftigung.
- Länger spielen lassen, damit viele Spieler in den „Genuss" der Sonderaufgaben kommen.
- Wer alle Aufgaben absolviert hat und erneut getroffen wurde, beginnt wieder bei der ersten Übung.
- Übungen auf Blätter/Plakate schreiben und an die Stationen hängen.
- Eventuell wieder auf mehrere Stunden verteilen, damit jeder Spieler einmal Jäger sein darf.
- Gut mit Spielübungen kombinierbar (Korbleger, Positionswurf etc.).

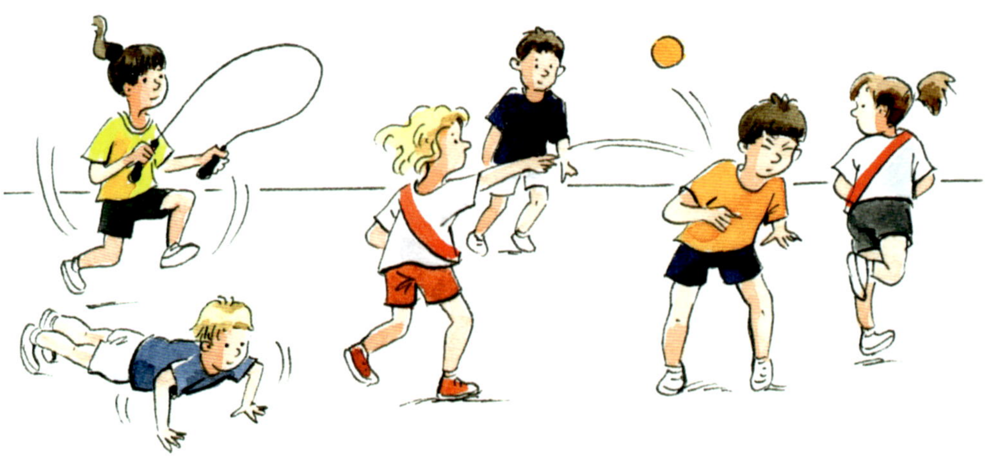

B 7 ABC-Jägerball

Medien, Material:
8 – 10 Softbälle

Inhalt:
Die Gruppenmitglieder mit A, B bzw. C benennen. Die Gruppenmitglieder spielen sich den Ball in der Bewegung zu. Auf Pfiff ruft der Lehrer einen Buchstaben auf, der zum Hasen wird. Schaffen es die zwei Jäger den Hasen innerhalb von 30 Sekunden zu treffen, dann bekommt jeder von ihnen einen Punkt, ansonsten bekommt ihn der Hase.
Wer hat nach mehreren Durchgängen die meisten Punkte? Jägerregeln siehe Spiel B 1.

Organisation:
Dreiergruppen bilden; pro Gruppe 1 Ball.

Varianten, methodische Hinweise:
- Beim Aufrufen geschickt variieren; auch mal einen nicht vorhanden Buchstaben aufrufen.

B 8 Hasenjagd

Medien, Material:
3 – 5 verschiedenfarbige Bänder, 3 – 5 Softbälle

Inhalt:
Jede Gruppe versucht in einer Minute möglichst oft ihren Hasen zu treffen. Jeder spielt einmal den Hasen. Für jeden Treffer bekommt jeder Jäger einen Punkt. Wer hat am Ende die meisten Punkte? Gespielt wird nach den bekannten Regeln (siehe Spiel B 1).

Organisation:
Spieler in Fünfer- / Sechsergruppen einteilen. In jeder Gruppe einen Hasen kennzeichnen.

Varianten, methodische Hinweise:
- Anspruchsvollere Form, da viele Hasen umherrennen und nur der eigene getroffen werden darf.

B 9 Schuhball

Medien, Material:
1 (Hallen-)Tennisball, evtl. Bänder

Organisation:
Zwei Mannschaften bilden (eine eventuell kennzeichnen); Spieler ziehen den rechten Schuh aus.

Inhalt:
Die Spieler stecken den ausgezogenen Schuh auf eine Hand und versuchen, mit dem Tennisball die gegnerische Wand zu treffen. Dieser kann dabei auf dem Boden oder in der Luft gespielt werden. Gelingt dies, dann erhält die Mannschaft einen Punkt und die andere den Ball. Spielzeit: 5 Minuten.

Varianten, methodische Hinweise:
- Eventuell Höhe begrenzen.
- Nur direkte Treffer, die nicht zuerst an die Seitenwand gehen, zählen.

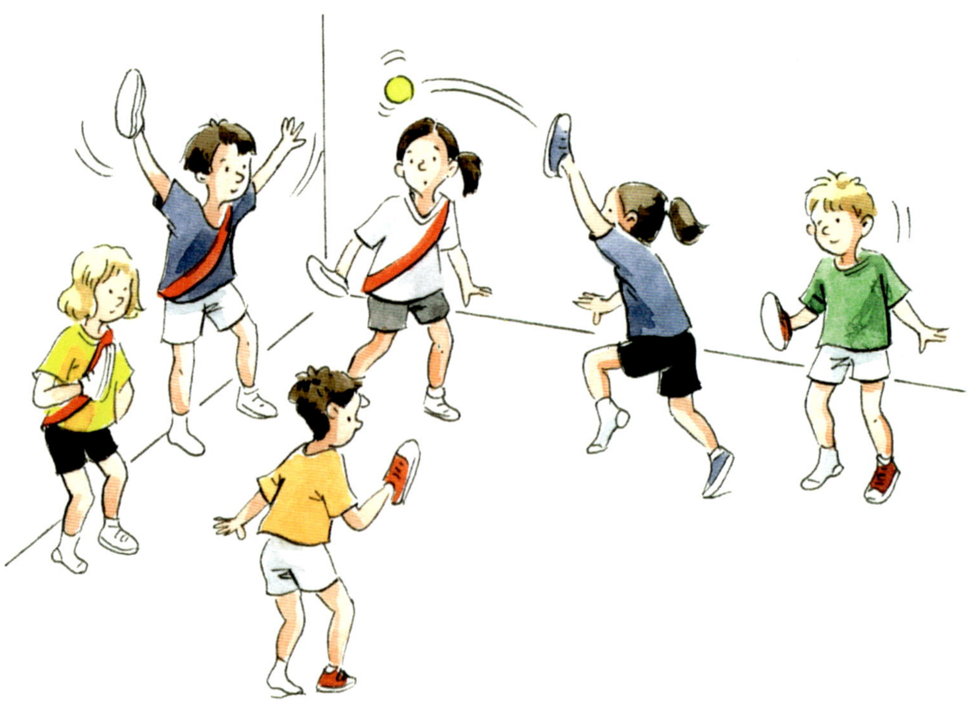

B 10 Prell-steh Bock – lauf Bock!

Medien, Material:
Jeder Spieler hat einen Ball; Bänder

Organisation:
3 – 5 Fänger kennzeichnen.

Inhalt:
Alle Spieler prellen den Ball und bewegen sich im Feld (Hallendrittel). Die Fänger, die ebenfalls einen Ball prellen, berühren einen anderen Spieler mit der freien Hand. Dieser bleibt dann im Grätschstand stehen und hält seinen Ball mit beiden Händen hoch. Prellt ein anderer Spieler den Ball durch die gegrätschten Beine, darf er wieder mitspielen. Spielzeit 2 – 4 Minuten. Welche Gruppe kann alle Spieler „versteinern"?

Varianten, methodische Hinweise:
- Fänger tragen den Ball und tupfen nur ab (nicht werfen!).

B 11 Dribbel-steh Bock – lauf Bock!

Medien, Material:
Jeder Spieler hat einen Ball; Bänder

Organisation:
2 – 4 Fänger kennzeichnen.

Inhalt:
Alle Spieler führen den Ball mit dem Fuß. Die Fänger, die ebenfalls dribbelnd unterwegs sind, schlagen einen beliebigen Spieler ab, der dann mit gegrätschten Beinen stehen bleiben muss. Den Ball legt er unter einen Fuß, damit dieser nicht herumrollt (Verletzungsgefahr!). Spielt ein freier Spieler seinen Ball durch dessen gegrätschten Beine, ist er wieder frei. Spielzeit: 2 – 4 Minuten.

Varianten, methodische Hinweise:
- Fänger tragen den Ball und tupfen nur ab (Erleichterung bzw. Intensitätserhöhung!).

B 12 Kastenball

Medien, Material:
20 Bälle, 4 offene Kästen, Bänder (halbe Spielerzahl)

Organisation:
Zwei Mannschaften bilden, eine kennzeichnen.

Inhalt:
Zwei Mannschaften bilden, eine kennzeichnen. Jede Mannschaft hat zwei Kästen zu bewachen, die beliebig im Hallenteil angeordnet sind. In jedem Kasten befinden sich zu Beginn 5 Bälle. Aufgabe ist es nun, die Bälle bei der anderen Gruppe unterzubringen, wobei von einem Spieler immer nur ein Ball getragen werden darf. Erlaubt ist alles, was nicht unfair ist. Wer hat nach 2 – 4 Minuten die meisten Bälle in den gegnerischen Kästen?

Varianten, methodische Hinweise:
- Auch mit vier Mannschaften und zwei Spielfeldern möglich.

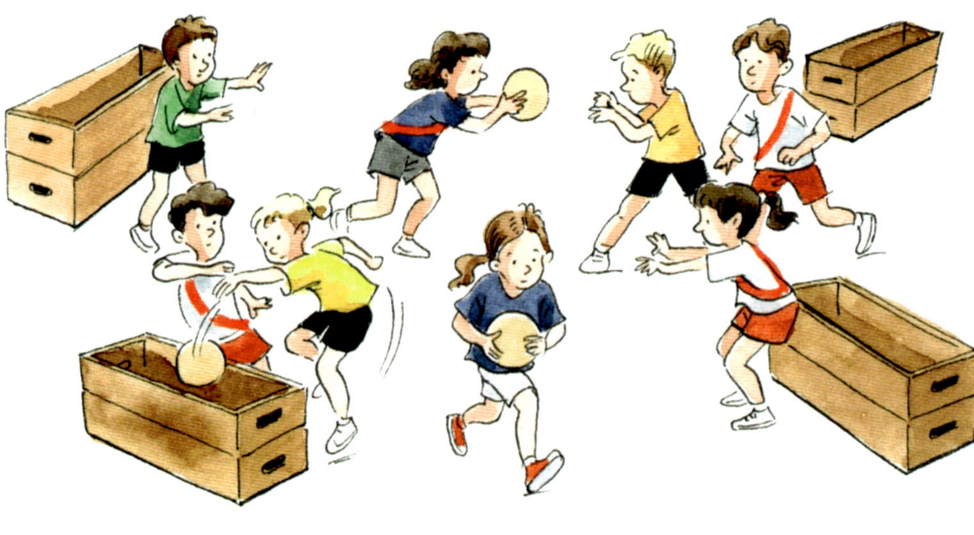

B 13 Ball über die Schnur

Medien, Material:
Volleyballnetz längs, 5 Medizinbälle

Organisation:
Einteilung in Zweier- / Dreiergruppen; 4 – 5 Spielfelder markieren (evtl. Badmintonfelder benützen).

Inhalt:
Die Mannschaften stehen sich in je zwei Spielfeldhälften gegenüber, die durch das Netz (Höhe je nach Leistungsstärke der Spieler) getrennt sind. Die Spieler werfen nun den Medizinball so über das Netz, dass ihn die gegnerischen Spieler nicht fangen können. Fehler sind:
- Ball auf dem Boden,
- Ball im Aus,
- Spieler berührt das Netz.

Wechsel nach 3 – 5 Minuten (Kaiserspiel, Sieger gegen Sieger etc.).

Varianten, methodische Hinweise:
- Werden viele Durchgänge gespielt, dann ist das eine tolle Kraftschulung.
- Gewicht der Medizinbälle dem Leistungsvermögen der Spieler anpassen!
- Günstig als Einstieg in eine Volleyballstunde (Längsnetz aufgebaut, Kleingruppen gebildet, wichtige Muskelgruppen werden beansprucht).
- Mit Ball darf nicht gelaufen werden.
- Den Ball im eigenen Feld bis zu 2 Mal zuspielen, um den Werfer in eine günstige Position zu bringen.

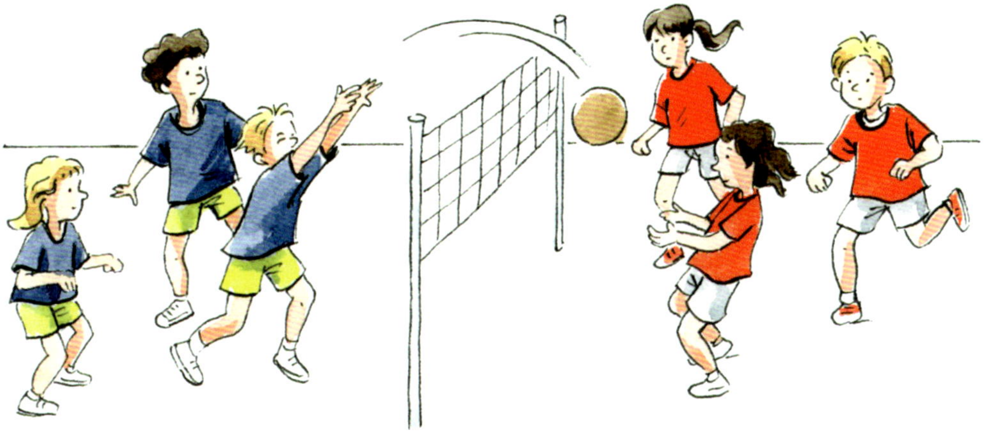

B 14 Sprungball über die Schnur

Medien, Material:
Volleyballnetz längs, Softhandbälle

Organisation:
Einteilung in Zweier- / Dreiergruppen;
4 – 5 Spielfelder und Tore an den Hallen wänden festlegen.

Inhalt:
Die Mannschaften stehen sich in je zwei, durch das Volleyballnetz getrennte Spielfelder gegenüber. An den Hallenwänden sind Tore gekennzeichnet (Hütchen, Stangen, Kreidestriche auf den Trennwänden). Die Spieler werfen nun den Ball so über das Netz, dass er zuerst auf dem Boden aufkommt und dann die Wand berührt. Bei erfolgreichem Wurf erhält die Mannschaft einen Punkt. Die abwehrende Mannschaft darf nicht direkt hinter dem Netz stehen. Das Netz darf beim Wurf nicht berührt werden.

Varianten, methodische Hinweise:
- Ideal zur Verbesserung des Sprungwurfes.
- Gute Torwartschulung.
- Verbesserung der Sprungkraft.
- Optimal sind Zweiermannschaften.

B 15 Haltet das Feld frei

Medien, Material:
Bälle, Langbänke bzw. Volleyballnetz

Organisation:
Zwei Gruppen bilden, die sich in den durch die Langbänke abgegrenzten Spielfeldhälften gegenüber stehen. Jeder 1 Ball.

Inhalt:
Beide Mannschaften versuchen möglichst viele Bälle ins gegnerische Feld zu befördern. Spielen mit dem Fuß ist verboten (Verletzungsgefahr!). Nach Abpfiff legen sich alle Spieler schnell auf den Bauch (dies verhindert das Weiterwerfen nach dem Pfiff!). Die Gruppe, die am schnellsten auf dem Boden liegt bekommt einen Punkt, die, bei denen weniger Bälle liegen zwei Punkte.

Varianten, methodische Hinweise:
- Ruhig „pädagogisch“ pfeifen, damit nicht immer dieselbe Mannschaft gewinnt.
- Langbänke umkippen, damit die Bälle nicht unten durchrollen können.
- Fehlende Sperren mit Kastenteilen ausfüllen.

B 16 Mattenball

Medien, Material:
2 bzw. 4 Matten, 1 – 2 Bälle

Organisation:
Zwei bzw. vier Mannschaften bilden; pro Spielfeld zwei Matten auslegen.

Inhalt:
Zwei Mannschaften spielen nach Handballregeln gegeneinander. Um eine hohe Intensität zu erreichen, sollte das Dribbeln verboten werden. Ziel ist es, den Ball auf die gegnerische Matte zu werfen. Die Matte darf von keinem Spieler betreten werden.

Varianten, methodische Hinweise:
- Eventuell mit vier Mannschaften in zwei Spielfeldern spielen.
- Um Spielermassierungen zu vermeiden, können zusätzlich noch Kombinationspunkte (für eine bestimmte Zahl von Abspielen) vergeben werden.
- Ein Volleyball muss nach einem Zuspiel auf die Matte geköpft werden.

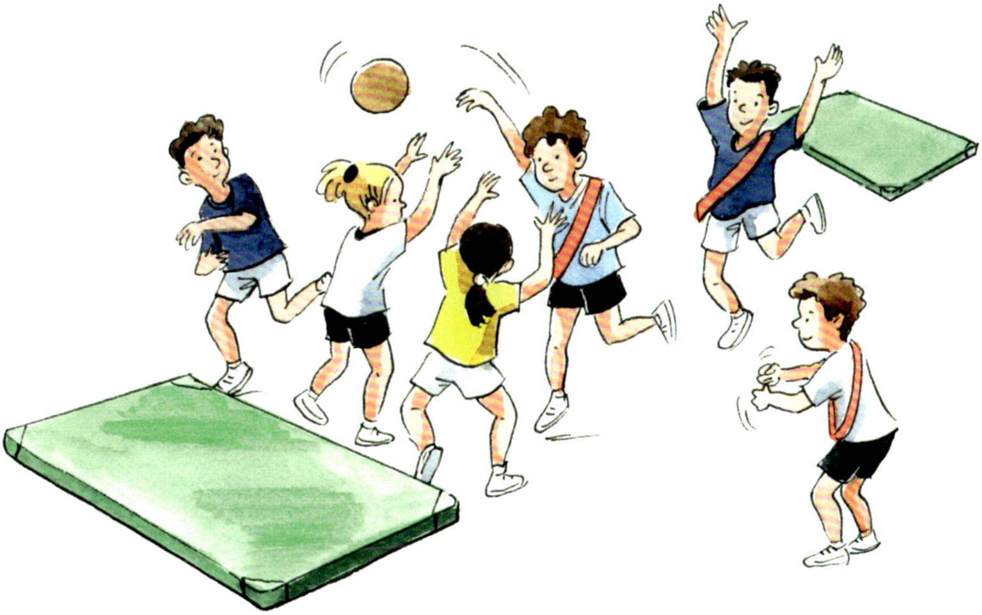

B 17 Kombinationsball

Medien, Material:
Bänder, 1 – 2 Softhandbälle

Organisation:
Zwei bzw. vier Gruppen bilden.

Inhalt:
Gespielt wird nach Hand- oder Basketballregeln ohne Dribbeln. Welche Partei schafft die längste Zuspielserie? Für eine bestimmt Anzahl von Zuspielen (z. B. fünf) gibt es einen Punkt (und evtl. Ballwechsel). Wer erreicht die meisten Punkte?

Varianten, methodische Hinweise:
- Eventuell mit vier Mannschaften in zwei Spielfeldern spielen (höhere Intensität!).
- Ein Rückspiel zum letzten Zuspieler ist verboten.
- Wird der Ballbesitzer berührt, muss er innerhalb von 3 Sek. abspielen; ansonsten bekommt die andere Mannschaft den Ball.

Eigene Notizen

B 18 Königsball

Medien, Material:
Bänder, 1 – 2 Bälle

Organisation:
Zwei (vier) Mannschaften kennzeichnen und pro Team den König besonders hervorheben.

Inhalt:
Zwei Mannschaften (max. 8 – 12 Spieler) halten den Ball in den eigenen Reihen und spielen möglichst oft ihren König an. Für jedes Zuspiel zum König gibt es einen Punkt.

Varianten, methodische Hinweise:
- Königkennzeichnung z. B. mit zwei Bändern der Mannschaftsfarbe oder Schildmütze.
- Höhere Intensität, wenn in zwei Spielfeldern und mit kleinerer Gruppengröße gespielt wird.

B 19 Faustball

Medien, Material:
1 Softvolleyball bzw. Volleyball, Bänder

Organisation:
Zwei Mannschaften bilden, eine davon kennzeichnen; (evtl. Klasse gegen Klasse).

Inhalt:
Die Mannschaft erhält einen Punkt, wenn sie den Ball direkt gegen die gegnerische Wand spielt. Dabei darf nur mit der geschlossenen Hand (Faust) gespielt werden. Regelverstöße (offene Hand, absichtliches Fußspiel etc.) ergeben einen Freischlag für die gegnerische Mannschaft. Dieser kann direkt oder indirekt ausgeführt werden.

Varianten, methodische Hinweise:
- Spiel für „harte Spieler“, das viel Spaß bereitet.
- Die Gruppengröße sollte nicht zu klein sein.

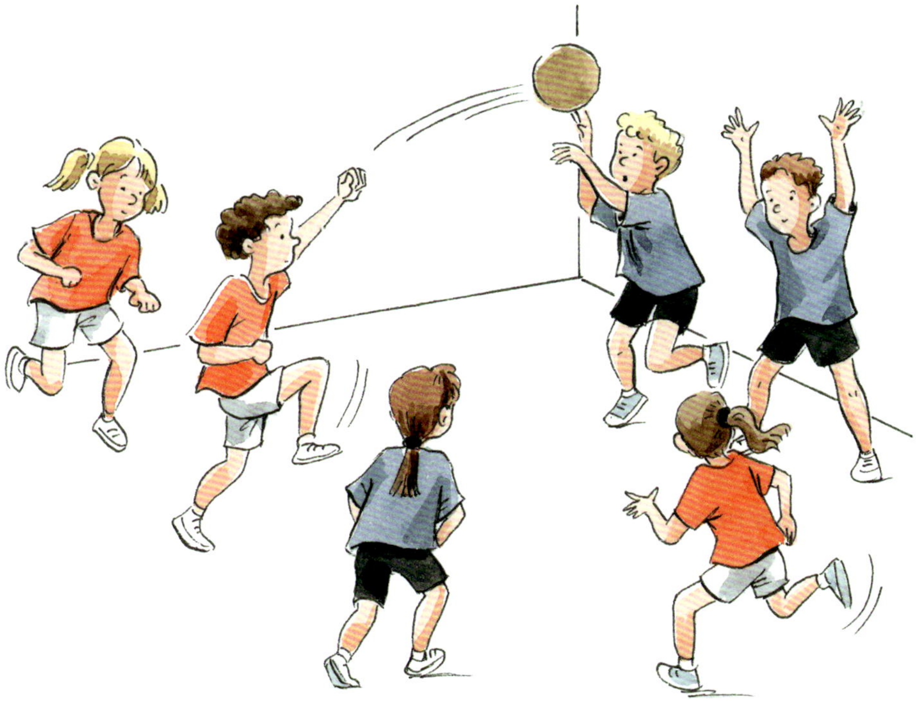

B 20 Agentenball

Medien, Material:
Bänder, 1 – 2 Handbälle, evtl. Volleyballnetz längs

Organisation:
Ein bzw. zwei Spielfelder; zwei bzw. vier Mannschaften bilden und kennzeichnen.

Inhalt:
Die Spieler befinden sich mit Ausnahme des Agenten in ihrer Spielfeldhälfte. Ziel des Spiels ist es, dem Agenten in der gegnerischen Hälfte den Ball so „zuzuschmuggeln“, dass er ihn wieder zu einem Mitspieler zurückspielen kann. Dieser wird dann ebenfalls Agent und wechselt ins gegnerische Feld. Gewonnen hat die Mannschaft, die zuerst fünf Agenten im gegnerischen Feld hat bzw. nach einer bestimmten Zeit die meisten ins gegnerische Feld geschmuggelt hat.

Varianten, methodische Hinweise:
- Bei zähem Beginn gleich mit zwei Agenten beginnen, da diese dann nicht so leicht auszuschalten sind.
- Mit zwei Bällen spielen.

B 21 Wandball

Medien, Material:
1 – 2 Bälle, Bänder

Organisation:
Ein bzw. zwei Spielfelder und zwei bzw. vier Mannschaften.

Inhalt:
Es wird nach Basketball- oder Handballregeln gespielt, wobei prellen verboten ist. Die Mannschaft erhält einen Punkt, wenn sie den Ball so geschickt spielt, dass ein Mitspieler ohne Schrittfehler den Ball gegen die gegnerische Wand drücken kann. Eventuell in zwei Spielfeldern quer spielen, so dass die Intensität erhöht wird. Spielzeit mindestens 5 Minuten. In einer zweiten Runde können dann Sieger gegen Sieger bzw. Verlierer gegen Verlierer spielen.

Varianten, methodische Hinweise:
- Eignet sich auch gut für ein kleines Turnier.

B 22 Ball auf die Matte

Medien, Material:
Weichböden, 1 Medizinball,
10 – 12 Sarneigematten

Organisation:
Zwei Mannschaften bilden (klassenweise oder nach T-Shirtfarbe); an jeder Stirnseite liegt eine Weichbodenmatte, die von Turnmatten eingerahmt ist (Wandabstand mindestens ein Meter).

Inhalt:
Ziel ist es, den Ball auf der gegnerischen Weichbodenmatte abzulegen. Erlaubt ist alles, was nicht weh tut oder gefährlich ist. Unbedingt Uhren, Brillen oder Schmuck ablegen.

Varianten, methodische Hinweise:
- Raufspiel für „harte Spieler“.
- Ein Punkt ist erst dann erzielt, wenn der Spieler den Ball vor der Matte oder in der Luft fängt und dann erst auf den Weichboden springt.

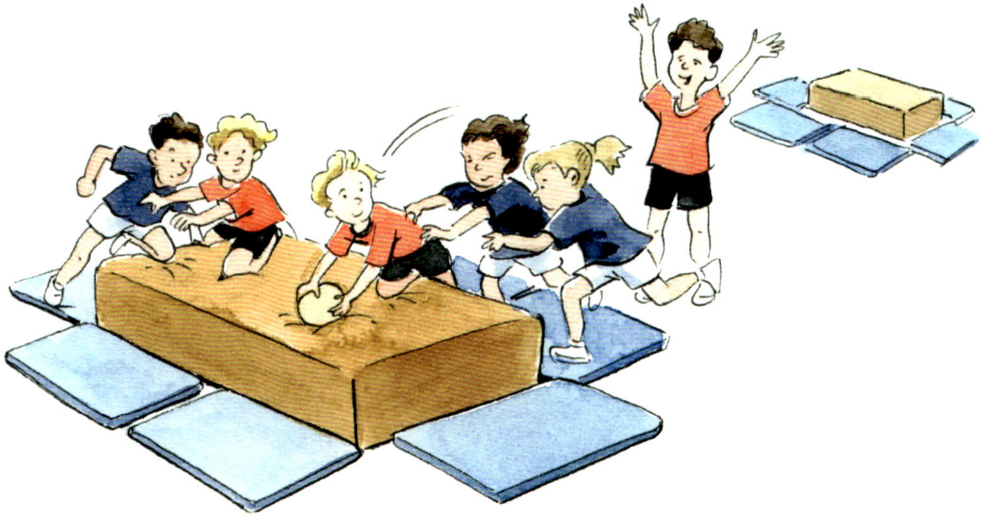

B 23 Handball-Kopfball

Medien, Material:
1 oder 2 Softfuß- oder Volleybälle, Bänder

Organisation:
Ein oder zwei Spielfelder festlegen und mit zwei bzw. vier Mannschaften besetzen, von denen jeweils eine gekennzeichnet ist.

Inhalt:
Gespielt wird nach Handballregeln ohne prellen. Ein Tor ist erzielt, wenn der Ball nach einem Zuspiel gegen die gegnerische Wand geköpft wird. Eventuell in zwei Spielfeldern quer spielen.

Varianten, methodische Hinweise:
- Ideales Erwärmungsspiel, wenn die Halle durch das Volleyballnetz längs geteilt ist; dann spielen hier je zwei Mannschaften links und rechts vom Netz gegeneinander.
- Zur Kopfballschulung darf im Bereich vor der Wand (ca. 2 Meter) der Ball nur gefangen werden, wenn er unter Halshöhe ist. (Abwehr auch mit Kopfbällen!).

B 24 Kegeln

Medien, Material:
Keulen, Hand- und Gymnastikbälle

Organisation:
Dreiergruppen bilden und mit jeweils 1 Ball und 3 Keulen ausstatten;
an einer Hallenquerseite für jede Gruppe drei Kegel (ca. 30 cm auseinander) aufstellen.

Inhalt:
Gespielt wird in der Halle quer. Die drei Spieler stellen sich auf einer Seite hintereinander auf. Auf der gegenüberliegenden Seite werden die drei Kegel in Dreiecksform aufgestellt (Abstand der Kegel ca. 40 cm). Ziel ist es, die drei Kegel möglichst schnell umzurollen, dabei muss jeder Spieler seinen Ball wieder selbst holen. Das Spiel ist zu Ende, wenn die ersten drei Gruppen fertig sind. Danach werden die Punkte so verteilt, dass die erste Mannschaft die maximale Punktezahl (= Gruppenanzahl) erhält, der zweite einen weniger usw. Bei Gruppen, die nicht fertig wurden, wird nach der Anzahl der noch stehenden Kegel weiter gewertet. Mindestens fünf Durchgänge spielen.

Varianten, methodische Hinweise:
- Jede Mannschaft darf einmal den Joker setzen, dann ergibt das folgende Spiel für diese Gruppe die doppelte Punktzahl.
- Werden „gegnerische“ Kegel umgerollt, dann freut sich diese Gruppe.
- Die Kegel von jeder Gruppe aufstellen lassen und dann die Mannschaften um eine Position weiter wechseln (fordert den „Fairplay-Gedanken“ beim Kegelaufstellen ein). Danach auch mal eine Runde ohne Wechsel spielen („Clevere Spielleiter“!).

B 25 Hütchenfußball

Medien, Material:
Bänder, 1 – 2 Fußbälle, 6 – 8 Hütchen

Organisation:
Zwei Mannschaften bilden und die Hütchen im Spielfeld beliebig verteilen. Dabei verschiedene Hütchenfarbe verwenden oder mit der Gruppenbandfarbe kennzeichnen.

Inhalt:
Zwei Mannschaften spielen nach Fußballregeln gegeneinander und versuchen, die Hütchen der anderen Gruppe umzuschießen. Wer hat zuerst alle umgeschossen? Mit zwei Bällen macht es noch mehr Spaß und Spieleransammlungen werden vermieden.

Varianten, methodische Hinweise:
- Bei guten Spielern können die Hütchen auf Kastenwürfel gestellt werden.
- Abgeschossene Hütchen entfernen. Gewonnen hat die Mannschaft, bei der nur noch 2 oder 3 Hütchen stehen.
- Umgeschossene Hütchen zählen einen Punkt, werden aber sofort wieder aufgestellt.

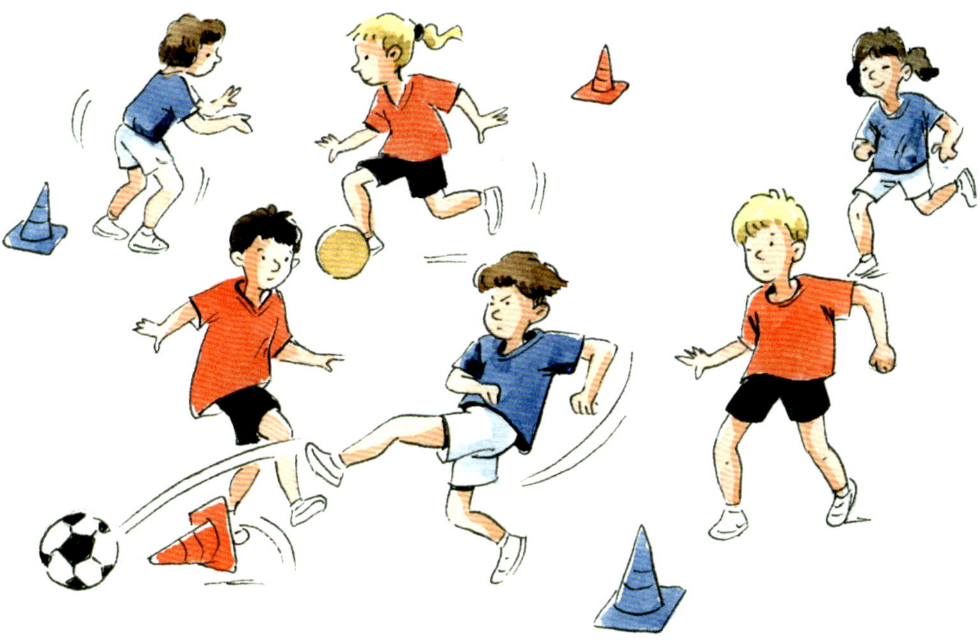

B 26 Fußkegeln

Medien, Material:
Für jede Gruppe einen Fußball und drei Keulen.

Inhalt:
Regeln wie bei Spiel B 24, nur wird jetzt mit dem Fuß gespielt (Zielstoß!).

Organisation:
Siehe Spiel B 24

Varianten, methodische Hinweise:
- Zu Beginn eventuell nur mit zwei Gymnastikkeulen spielen.

Eigene Notizen

B 27 Beintreffer

Medien, Material:
1 Softfuß- oder Volleyball, Bänder

Inhalt:
Gespielt wird nach Fußballregeln. Ziel ist es, einen gegnerischen Spieler an den Beinen zu treffen, was einen Punkt ergibt. Um ein Gebolze zu vermeiden, wird für jeden Treffer oberhalb der Beine wieder ein Punkt abgezogen.

Organisation:
Zwei Mannschaften bilden.

Varianten, methodische Hinweise:
- Auch mit zwei Bällen möglich.
- Gute Reaktionsschulung.

B 28 Bierdeckelhockey

Medien, Material:
Für jeden Spieler mindestens zwei Bierdeckel; für jedes Spielfeld einen Tennisball; Bänder, 6 Langbänke.

Organisation:
Drei Spielfelder und sechs Mannschaften einteilen. Pro Spielfeld eventuell zwei Langbänke als Tore aufstellen.

Inhalt:
Jeder Spieler erhält zwei Bierdeckel, mit denen der Tennisball gespielt wird. Ein Tor ist erzielt, wenn der Ball gegen die an der Wand stehende, umgekippte Langbank (Sitzfläche zum Spielfeld) gespielt wird.

Varianten, methodische Hinweise:
- Zur Erleichterung kann auch die Hallenwand als Tor benützt werden.
- Pro Mannschaft max. 4 – 6 Spieler.
- Beide Bierdeckel werden in einer Hand gehalten, d. h. es wird nur mit einer Hand gespielt.
- Jeder Spieler erhält zwei Bierdeckel für jede Hand, dann brechen diese nicht so leicht.

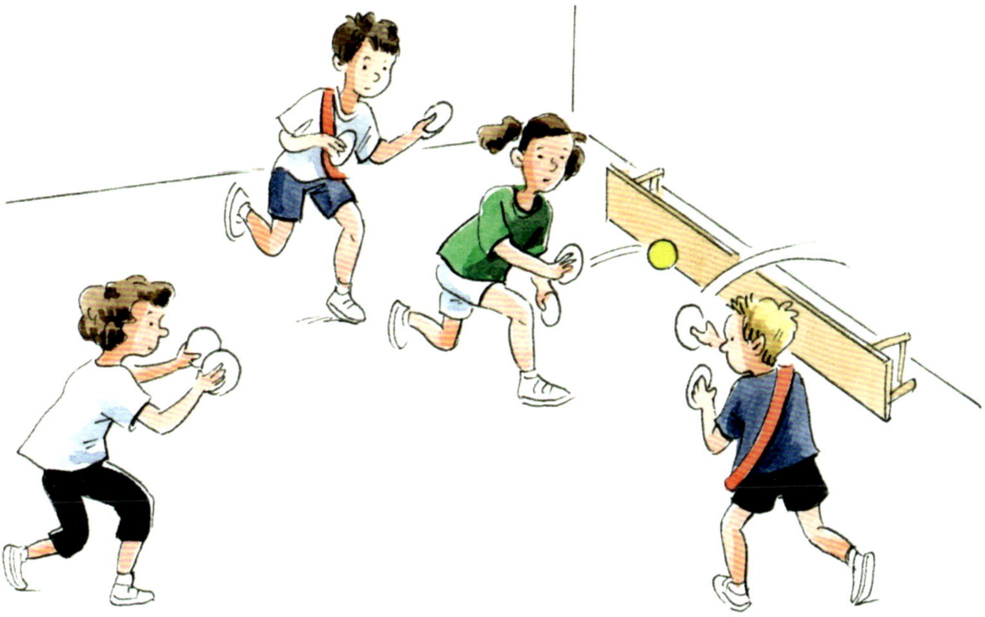

B 29 Handball verkehrt

Medien, Material:
Bänder, 2 Supersoft- oder Handbälle

Organisation:
Hallendrittel in zwei Hälften teilen, vier Mannschaften bilden.

Inhalt:
Gespielt wird nach Handballregeln ohne Prellen. Tore werden erzielt, indem man den Ball durch die gegrätschten Beine (beide Füße am Boden!) rückwärts an die Wand wirft.

Varianten, methodische Hinweise:
- Eventuell die Torhöhe begrenzen.
- Ideal auch zu spielen, wenn das Längsnetz für Volleyball aufgebaut ist.

B 30 Drei-Reifen-Handball

Medien, Material:
Pro Spielfeld 3 Reifen; Handbälle, Bänder

Organisation:
2 – 3 Spielfelder und entsprechende Anzahl von Mannschaften bilden.

Inhalt:
Es wird nach Hand- oder Basketballregeln gespielt. In jedem Spielfeld werden drei Reifen beliebig ausgelegt. Für jedes Ablegen des Balles in einem Reifen gibt es einen Punkt, wobei jede Mannschaft auf zwei Reifen spielt, denn ein Reifen kann von beiden als „Tor" benützt werden. Dazu verschiedene Reifenfarben benützen oder die Reifen durch Bänder kennzeichnen.

Varianten, methodische Hinweise:
- Statt Ablegen kann auch nur Werfen des Balles in den Reifen verlangt werden.
- Erschwerung: Der Ball muss in den Reifen geprellt und von einem Mitspieler wieder gefangen werden.

B 31 Zehnerpass-Spiel

Medien, Material:
2 Bälle, Bänder

Organisation:
4 Mannschaften bilden und kennzeichnen.

Inhalt:
In je einer Hallenhälfte spielen wir Parteiball mit zwei Mannschaften. Es gibt für jede Zehnerserie einen Punkt. Danach kann die ballbesitzende Mannschaft weiterspielen oder der Gegner bekommt den Ball. Spielzeit: 5 Minuten, dann Gegner wechseln.

Varianten, methodische Hinweise:
- Zuerst nach jeder Zehnerserie wechseln.
- Zehn Abspiele in Folge und anschließendes Ablegen des Balles in einem Hütchentor ergeben einen Punkt. Abspiele über Kopfhöhe sind verboten.
- Ein Rückspiel zum letzten Zuspieler ist verboten.
- Wird der Ballbesitzer berührt, muss er innerhalb von 3 Sek. abspielen; ansonsten bekommt die andere Mannschaft den Ball.

B 32 Treffball in zwei Feldern

Medien, Material:
2 Softbälle, Bänder

Organisation:
Halle in zwei Spielfelder teilen; zwei gleichstarke Mannschaften bilden und eine kennzeichnen.

Inhalt:
Jede Mannschaft bildet zwei Gruppen, wobei eine als Jäger, die andere als Hasen fungieren. In Feld 1 sind die Jäger der Gruppe A und die Hasen der Gruppe B, in Feld 2 die Jäger der Gruppe B und die Hasen der Gruppe A. Jede Jägergruppe versucht so schnell wie möglich die Hasen abzuschießen. Gewonnen hat die Mannschaft, die zuerst alle Hasen getroffen hat. Abgeworfene Hasen scheiden nicht aus, sondern wechseln in das andere Feld und helfen als Jäger mit.

Varianten, methodische Hinweise:
- Trifft ein Jäger einen Hasen, so darf er als Hase in das andere Feld wechseln.
- Trefferfläche nur bis Schulterhöhe.

B 33 Über's Netz zählt doppelt

Medien, Material:
3 – 4 Bälle, Bänder

Organisation:
6 – 8 Gruppen bilden, Längsnetz Volleyball

Inhalt:
Wir spielen Parteiball mit dem Ziel, möglichst viele Punkte zu erzielen. Dabei zählt das Zuspiel zu einem Partner über das Netz doppelt. Wer schafft die längste Serie? Für z. B. 10 oder 15 Punkte gibt es eine Wertung (1 : 0) und die gegnerische Mannschaft bekommt den Ball. Wer gewinnt?

Varianten, methodische Hinweise:
- Gegner wechseln.
- Zielgerichtete Erwärmung für Volleyball: Ball muss über Kopfhöhe gefangen werden.
- Bei erreichter Zielpunktzahl wird weitergespielt und gepunktet.

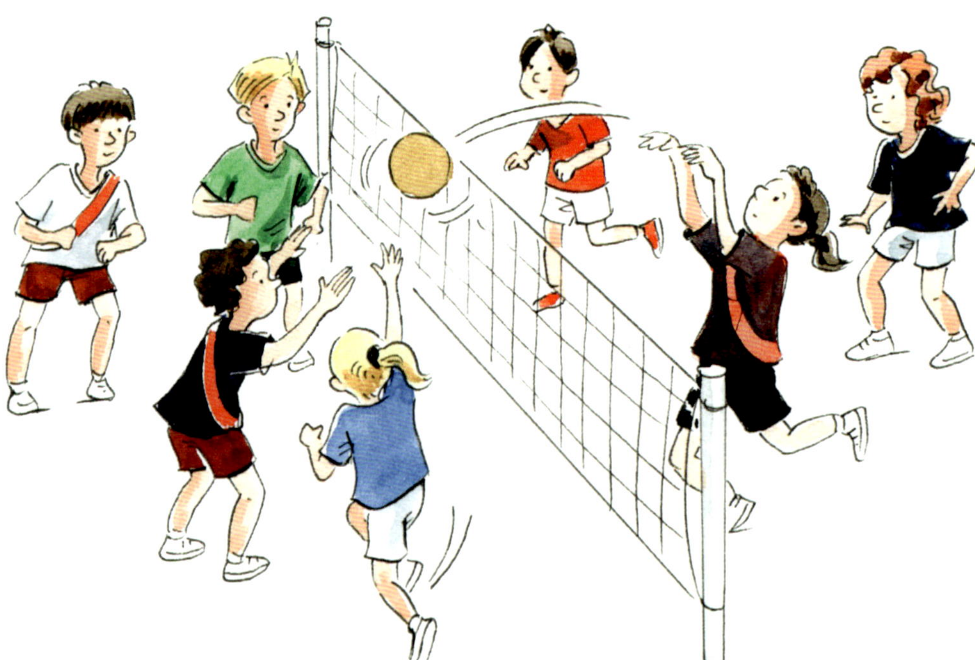

B 34 Fußjägerball

Medien, Material:
10 – 15 Softfußbälle oder Volleybälle; Bänder

Organisation:
2 – 3 Fänger mit jeweils einem Ball und einem Band ausstatten.

Inhalt:
Die Jäger müssen aus dem Dribbling heraus die anderen Spieler (Hasen) abschießen. Dabei sind nur Treffer unterhalb Hüfthöhe erlaubt. Wer getroffen ist, holt sich ebenfalls ein Band und einen Ball und hilft den anderen Jägern beim Abschießen. Gespielt wird solange, bis 10 bis 15 Jäger unterwegs sind. Wer bleibt übrig?

Varianten, methodische Hinweise:
- Der abgeschossene Hase wechselt mit dem Jäger die Aufgabe.
- Als Gruppenwettkampf: Vier bis fünf Jäger versuchen, in 2 – 3 Minuten möglichst viele Hasen zu treffen. Die Treffer aller Gruppenmitglieder werden zusammen gezählt. Welche Gruppe erzielt die meisten Treffer?

B 35 Baut den Kasten ab und auf

Medien, Material:
10 – 15 Hand- oder Gymnastikbälle, 4 fünfteilige Kästen, 12 Hütchen, evtl. vier Langbänke

Organisation:
4 Gruppen einteilen, pro Gruppe zwei Bälle ausgeben, eine Abwurflinie (evtl. mit Langbänken kennzeichnen) im Abstand von 5-7 m zu den Kästen festlegen, 3 Hütchen auf jeden Kästen stellen.

Inhalt:
Die Gruppenmitglieder werfen die Hütchen von den Kästen. Wichtig ist, dass immer zwei gleichzeitig werfen können und diese ihre Bälle selbst holen. (Ansonsten ist die Intensität zu gering.) Sind alle 3 Hütchen abgeworfen, wird ein Kastenteil herausgenommen, die Hütchen wieder auf den jetzt vierteiligen Kasten gestellt und wieder geworfen. Ist der ganze Kasten abgebaut, wird er nach denselben Regeln wieder aufgebaut. Bei welcher Gruppe ist der Kasten zuerst wieder komplett aufgebaut?

Varianten, methodische Hinweise:
- Gute Absprache zwischen den Gruppenmitgliedern ist wichtig (wer nimmt das Kastenteil heraus, wer wirft als Nächster, ...)
- Wurfabstand variieren
- Hütchengröße oder -anzahl abändern
- Ballrückwerfer festlegen

B 36 Hasenkönig

Medien, Material:
Softbälle (2 – 3 weniger als Spieler)

Organisation:
Einen Spieler bestimmen, der als Jäger beginnt, und diesen mit einem Ball kennzeichnen.

Inhalt:
Der Jäger schießt die Hasen ab, wobei nur Beintreffer erlaubt sind. Getroffene Spieler holen sich ebenfalls einen Ball und werfen als Jäger ab. Welche 1 – 3 Spieler überleben am längsten und werden somit zu Hasenkönigen? Wichtig: Nur Beintreffer erlauben und weiche Bälle verwenden.

Varianten, methodische Hinweise:
- Mit mehreren Jägern beginnen.
- Feld zu Beginn verkleinern.
- Mit verschiedenen Bällen wie Softtennisbällen o. a. spielen.
- Nur direkte Treffer sind erlaubt.
- Als Trefferfläche nur die Unterschenkel zulassen.
- Jeder Jäger wirft nur mit seinem Ball ab.
- Jeder Jäger darf mit einem beliebigen Ball abwerfen.

B 37 Aufsetzerball

Medien, Material:
Bänder, Bälle

Organisation:
Mehrere Mannschaften bilden (5 – 6 Spieler) und kennzeichnen, Spielfelder mit Grund-/ Tor- und Abwurflinie kennzeichnen.

Inhalt:
Gespielt wird nach Handballregeln. Ein Tor ist erzielt, wenn der Ball vor dem Überschreiten der Grund-Torlinie den Boden berührt (Aufsetzertor). Prellen ist verboten.

Varianten, methodische Hinweise:
- Tore mit Hütchen kennzeichnen. Nur hier können Tore erzielt werden.
- Der Ball muss zweimal aufspringen.

B 38 Nummernball mit Zusatzaufgabe

Medien, Material:
Bänder, Bälle

Organisation:
Mehrere Mannschaften bilden (5 – 6 Spieler) und durchnummerieren, Spielfelder entsprechend der Mannschaftszahlen markieren und in jedem Spielfeld ein Hütchen aufstellen.

Inhalt:
Gespielt wird nach Handballregeln. Der Ball wird in der Nummernreihenfolge innerhalb der Mannschaft gespielt. Nach jedem Abspiel muss der Spieler um das Hütchen laufen. Erobert eine Mannschaft den Ball, dann beginnt diese ihre Serie.
Wird der Ball nicht der nächsten „Nummer“ zugespielt, bleibt die Mannschaft in Ballbesitz, kann aber erst die Serie ausbauen, wenn der Spieler mit der nächsten Nummer den Ball erhält.
Welche Mannschaft schafft die längste Serie?

Varianten, methodische Hinweise:
- Mehrere Hütchen pro Feld
- Die Hütchen außerhalb des Spielfeldes aufstellen.
- Ein „Neutraler“ spielt mit der ballbesitzenden Mannschaft ohne Nummer mit.
- Mit dem Fuß spielen

Eigene Notizen

B 39 Inselball

Medien, Material:
Bänder, 3 Supersoftbälle, Hütchen, Matten

Organisation:
Drei Mannschaften bilden (5 – 6 Spieler) und kennzeichnen, drei Inseln mit Matten oder Hütchen markieren, pro Mannschaft 1 Ball

Inhalt:
Zu Beginn hat jede Mannschaft einen Ball. Die Mannschaften werfen sich gegenseitig ab, wobei Kopftreffer nicht zählen. Gespielt wird nach Handballregeln. Ist ein Spieler getroffen, dann begibt er sich zu seiner Insel. Kann er von der Insel aus einen Spieler abwerfen, dann spielt er wieder im Feld mit. Wer hat nach 3 – 5 Minuten die wenigsten Spieler auf seiner Insel?

Varianten, methodische Hinweise:
- Gespielt wird so lange, bis eine Mannschaft alle anderen Spieler auf die Inseln verbannt hat.
- Mit kleinen Mannschaften in zwei Spielfeldern spielen.

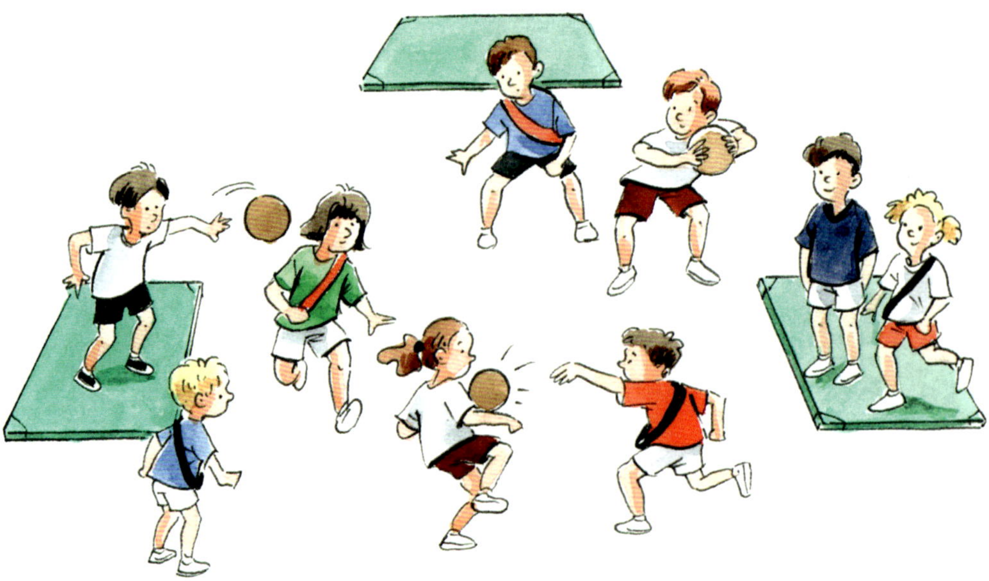

B 40 Knallball

Medien, Material:
Matten, 2 Softbälle, Bänder

Organisation:
4 Abwerfer kennzeichnen und mit 2 Bällen ausstatten; ca. 3 – 5 Matten in der Halle verteilen

Inhalt:
Die Abwerfer spielen sich die Bälle zu (3-Schritt-Regel) und werfen die anderen Spieler ab (Trefferfläche begrenzen, z. B. nur die Beine). Bei Treffer erfolgt ein Rollentausch. Die gejagten Spieler können sich aber hinter den aufgestellten Matten in Sicherheit bringen. Wird die Matte allerdings von einem Ball getroffen, dann muss diese sofort losgelassen werden.

Varianten, methodische Hinweise:
- Als Gruppenwettkampf: Wie viele Treffer schafft die Gruppe in 2 Minuten? Danach neue Werfergruppe bestimmen.
- Mattenzahl variieren
- Fängerzahl erhöhen
- 2 Gruppen à 3 Spieler bilden und kennzeichnen, je Gruppe 1 Ball; welche Gruppe schafft in 2 Minuten die meisten Treffer?

B 41 Tunnel befreit

Medien, Material:
Bälle

Organisation:
Jeder Spieler erhält einen Ball; 5 – 8 Spieler bilden Tunnel (gegrätschte Beine) und halten ihren Ball mit beiden Händen fest; 4 Spieler tragen ihren Ball (Jäger), die restlichen Spieler prellen ihre Bälle (Hasen)

Inhalt:
Die Jäger versuchen einen Hasen mit dem Ball abzutupfen. Gelingt dies, dann erfolgt ein Rollentausch (Hase wird Jäger und umgekehrt). Der Hase prellt seinen Ball und flieht. Ein direkter Rückschlag ist nicht erlaubt. Ein Hase kann sich einem Abschlag entziehen, indem er seinen Ball durch einen Tunnel prellt. Dann muss der Jäger einen anderen Hasen jagen.

Varianten, methodische Hinweise:
- Fängerzahl verändern
- Tunnelanzahl verringern
- Prellt ein Hase seinen Ball durch einen Tunnel, dann wird der „Tunnelspieler" zum Jäger (trägt den Ball) und der bisherige Jäger zum Hasen (prellt den Ball)
- Ball durch den Tunnel rollen

B 42 Absitzball

Medien, Material:
Bälle; Bänder

Organisation:
2 bzw. 4 Mannschaften kennzeichnen und evtl. 2 Spielfelder markieren

Inhalt:
Die Spieler spielen sich die Bälle ohne prellen zu. Die Mannschaft bekommt einen Punkt, wenn sie einem Mitspieler den Ball zuspielen kann, der auf dem Boden sitzt und dieser den Ball sicher fangen kann.

Varianten, methodische Hinweise:
- Der Mitspieler steht im Grätschstand und der Ball muss so durch den Tunnel gespielt werden, dass der Tunnelspieler diesen nach einer schnellen Drehung selbst fangen kann.
- Ein Joker (Neutraler) spielt immer bei der ballbesitzenden Mannschaft mit.

B 43 Fangen und Werfen

Medien, Material:
Verschiedene Bälle

Organisation:
Jeder zweite Spieler erhält 1 Ball

Inhalt:
Die Spieler bewegen sich im Raum und spielen sich die Bälle in Brusthöhe zu. Wer schafft in 2 Minuten die meisten Zuspiele? (Diese müssen gefangen werden!). Ein direktes Rückspiel ist nicht erlaubt.
Wer 20 erfolgreiche Zuspiele geschafft hat, setzt sich auf den Boden.
Welches sind die 3; 5 schnellsten Spieler?

Varianten, methodische Hinweise:
- Indirekt Zuspiele
- Mehrmals prellen, dann zuwerfen
- Mit dem Fuß

B 44 Tunnelkick

Medien, Material:
Bälle

Organisation:
Paare bilden; pro Paar 1 Ball

Inhalt:
Ein Spieler stellt sich im Grätschstand (Tor) beliebig im Feld auf. Der zweite Spieler dribbelt den Ball und spielt diesen durch 7 beliebige Tore. Danach dribbelt er zurück und es erfolgt ein Rollentausch. Wie viele Tore erzielt jedes Paar in 4 -6 Minuten?

Varianten, methodische Hinweise:
- Dasselbe Tor darf erst wieder durchspielt werden, wenn drei andere Tore dazwischen lagen.
- Den Ball mit der Hand prellen und mit einem Bodenpass durch das Tor spielen. Steigerung: Tor zählt nur dann, wenn der Ball wieder gefangen werden kann.
- Bei ungerader Spielerzahl wird eine Dreiergruppe gebildet, wobei dann immer zwei Spieler sich eng hintereinander als Tor aufstellen.

B 45 Reifentore

Medien, Material:
4 Reifen; Bänder; Bälle, Pylonen

Organisation:
4 Mannschaften bilden und zwei (drei) kennzeichnen; 2 Spielfelder markieren, in denen an den gegenüberliegenden Spielfeldrändern zwei Zonen (ca. 1,5 m breit) markiert werden. Pro Mannschaft einen Reifenträger bestimmen; Bänder; Pylonen; Bälle

Inhalt:
In jedem Spielfeld spielen zwei Mannschaften nach Handballregeln ohne Prellen gegeneinander. Ziel ist es, den Ball durch den Reifen seines Reifenträgers zu spielen. Dieser bewegt sich in der Mannschaft zugeteilten Zone und hält den Reifen über Kopfhöhe. Bei „Korberfolg" bekommt die Gegenpartei den Ball.
Spielzeit: 2 x 3 - 6 Minuten mit Wechsel der Reifenträger

Varianten, methodische Hinweise:
- Wer den Treffer erzielt hat, wird zum Reifenträger
- Es gibt pro Team zwei Reifenträger
- Verschiedene Bälle verwenden
- Prellen erlauben
- Gegner tauschen (Sieger - Sieger; Verlierer - Verlierer)
- Turnier (jeder gegen jeder) austragen

B 46 Schachtel treffen

Medien, Material:
Bananenschachtel mit Zugseilen (2-3 Sprungseile o. Ä.); Bälle; Bänder

Organisation:
2 Mannschaften (4 Mannschaften bei 2 Spielfeldern) bilden und eine kennzeichnen; jedes Team stellt einen „Schachtelzieher" (Tor), der eine Bananenschachtel zieht (Seil wird um die Hüfte gebunden). Pro Spielfeld 1 Ball

Inhalt:
Die Mannschaften spielen nach Handballregeln ohne Prellen gegeneinander. Ein Tor ist erzielt, indem der Ball den Schachtelboden von oben berührt.
Danach erhält die andere Mannschaft den Ball und versucht ein Tor beim „Schachtelzieher" der Gegenpartei zu erzielen.
Spielzeit: 2 x 3 - 6 Minuten mit Wechsel der „Schachtelzieher"

Varianten, methodische Hinweise:
- Wir spielen mit dem Fuß und ein Tor ist erzielt, sobald die Schachtel der Gegenpartei getroffen wird.
- Eine Mannschaft spielt in Überzahl.
- Es gibt nur ein „neutrales" Tor. Achtung: Dann aber erhöhte Intensität für den „Schachtelzieher", da dann die Pausen entfallen.
- Die „Schachtelzieher" dürfen keine Bälle abwehren.

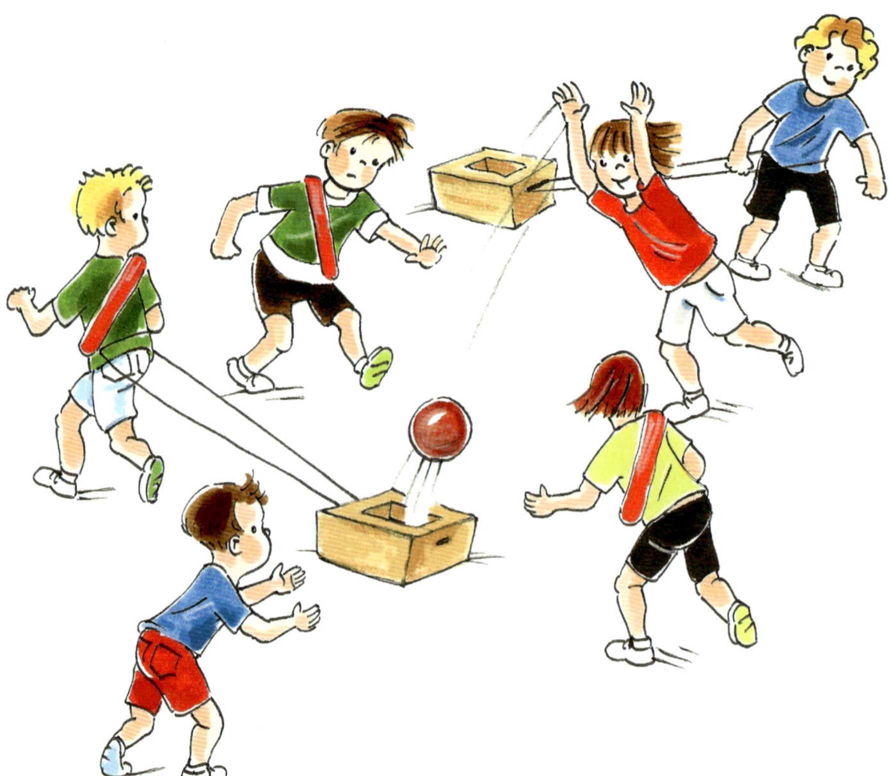

B 47 Wasserballfußball

Medien, Material:
Wasser-(Pezzi-)Bälle; Bänder; Pylonen

Organisation:
2 bzw. 4 Mannschaften mit je 5 - 7 Spielern bilden, je eine kennzeichnen und 1 - 2 Spielfelder markieren

Inhalt:
Jede Mannschaft versucht den Ball gegen die gegnerische Hallenwand (durch ein markiertes Tor) zu spielen. Bei Torerfolg Ballwechsel. Spielzeit: 2 x 3 - 6 Minuten

Varianten, methodische Hinweise:
- Mit Torhüter spielen
- Gegner tauschen (siehe auch B 46)

B 48 Partner hilft

Medien, Material:
Mannschaftsbänder, Softbälle

Organisation:
Jeweils zwei Spieler bilden ein Paar und verteilen sich im Spielfeld.

Inhalt:
Zu Spielbeginn wirft der Übungsleiter, Lehrer 1 – 2 Softbälle ins Feld. Ähnlich wie bei „Zombie" wirft der Spieler, der einen Ball erhaschen kann, andere Spieler ab. Dabei darf mit Ball nicht gelaufen werden. Getroffene Spieler setzen sich auf den Boden und dürfen erst wieder mitspielen, wenn sie einen Ball berühren, erhaschen können oder wenn vom Partner ein Ball zugespielt wird.
Sind beide Partner getroffen, dann müssen sie am Spielfeldrand eine Zusatzaufgabe (Liegestütze, 10-20 Seildurchschläge, je 3 Bocksprünge...) ausführen und können dann wieder mitspielen.
Nach 3-5 Minuten pfeift der Spielleiter ab und fragt ab, welche Paare in diesem Moment noch beide im Spiel sind. All diese Paare erhalten jeweils einen Punkt.
Dann beginnt die nächste Runde usw.

Varianten, methodische Hinweise:
- Wird ein Ball gefangen, dann gilt dies nicht als Treffer.
- Es darf mit Ball gelaufen werden.
- Es dürfen maximal 3 Schritte mit dem Ball gelaufen werden.
- Wir einer von dem Paar getroffen, dann müssen beide sofort die Zusatzaufgabe ausführen.

B 49 Der fliegende Reifen

Medien, Material:
Reifen, Seile, Bälle

Organisation:
2 - 4 Mannschaften mit 5 - 7 Spielern bilden und je eine kennzeichnen; ein Spielfeld (eventuell halbes Volleyballfeld o. Ä.) markieren; pro Spielfeld 1 Ball; ein Spieler jeder Mannschaft zieht den Reifen (Tor) hinter sich her (mit Seil festgebunden)

Inhalt:
Die Mannschaften spielen nach Handballregeln gegeneinander (mit Ball dürfen maximal 3 Schritte gelaufen werden) und versuchen den Ball in den Reifen zu werfen.
Nach Torerfolg wechselt der Ballbesitz.
Wer hat nach 3 Minuten die meisten Tore erzielt?
Danach spielen Sieger – Sieger und Verlierer gegen Verlierer

Varianten, methodische Hinweise:
Jede spielt gegen jeden!
- Statt Reifen tragen zwei Spieler einen Gymnastikstab in Hüfthöhe und es wird mit dem Fuß gespielt – ideal fürs Freie!
- Verschiedene Gruppengrößen bilden

B 50 Wespennest

Medien, Material:
Hütchen; Bänder; Softball; Stoppuhr

Organisation:
2 - 4 Mannschaften mit 5 - 7 Spielern bilden und eine kennzeichnen; ein Spielfeld (evtl. halbes Volleyballfeld o. Ä.) markieren; eine Mannschaft mit Ball befindet sich im Spielfeld („Wespennest“), die andere außerhalb.

Inhalt:
Nach dem Startsignal des Übungsleiters sprintet der erste Spieler von außerhalb in das Wespennest. Die darin befindlichen Spieler werfen sich den Ball zu (mit Ball darf nicht gelaufen werden!) und werfen den Eindringling ab. Sobald er getroffen worden ist, sprintet der nächste Spieler in das Wespennest usw. Sind alle Spieler der Außenpartei abgeworfen, stoppt der Spielleiter die Zeit und notiert/merkt sich diese.
Danach erfolgt ein Aufgabenwechsel.
Welche Partei gewinnt die erste Runde, welche die zweite?

Varianten, methodische Hinweise:
- Gruppengröße steigern und evtl. mit zwei Bällen spielen
- Eindringlinge müssen abgetupft werden.
- Der neue Eindringling muss nicht immer von der gleichen Stelle aus starten.
- Abgeworfene Spieler setzen sich außerhalb auf den Boden (erleichtert dem Spielleiter den Überblick).

C Anspruchsvollere Spiele

- Diese Spiele eignen sich auch hervorragend als Abschlussspiel (z. B. nach einer Geräteturn oder Leichtathletikstunde) oder als Element einer Spielreihe.
- Es erhöht die Intensität, wenn mit kleineren Mannschaften im Hallendrittel quer gespielt wird.

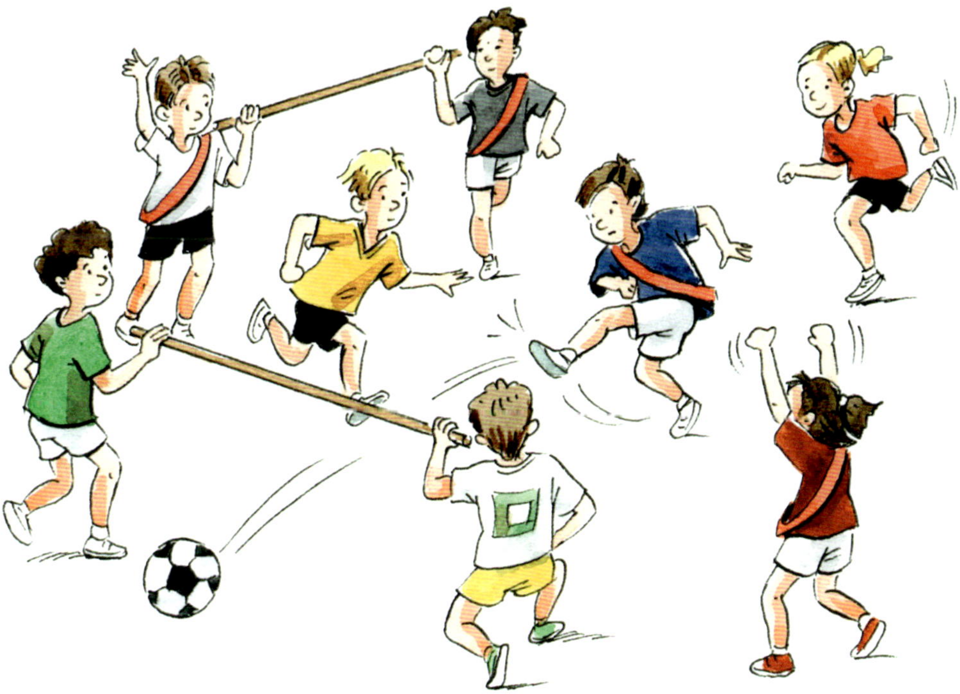

C 1 Jägerball mit Abtupfen nach Basketballregeln

Medien, Material:
Bänder, 1 (Basket-)Ball

Organisation:
Jägerpartei (2 – 3 Spieler) kennzeichnen.

Inhalt:
Die Jägergruppe tupft die Hasen mit dem Ball ab. Dabei darf mit dem Ball nicht gelaufen und auch beim Abtupfen nur ein Schritt (z. B. Sternschritt) ausgeführt werden. Abgetupfte Hasen holen sich beim Lehrer ein Band und helfen den Jägern. Wer bleibt bis zum Schluss übrig? Die letzten drei Hasen beginnen dann als Jäger und abgetupfte Hasen geben ihr Band ab.

Varianten, methodische Hinweise:
- Zu Beginn sehr schwierig, daher in kleinem Raum anfangen.
- Ideal, um schnelles Kombinieren, die Schrittregel und den Sternschritt zu verbessern.

C 2 Squash-Handball

Medien, Material:
Bänder, 1 – 2 Supersoft-Handbälle oder normale Handbälle

Organisation:
Zwei Mannschaften bilden bzw. vier Mannschaften und zwei Spielfelder.

Inhalt:
Zwei Mannschaften spielen nach Handball-regeln gegeneinander. Ein Punkt ist erzielt, wenn der Ball zuerst auf dem Boden, dann an der Wand und wieder auf dem Boden aufprellt. Die abwehrende Gruppe versucht den Ball natürlich vor dem zweiten Boden-kontakt zu fangen. Nur berühren reicht nicht, dies gibt ebenfalls ein Punkt. Kommt der Ball außerhalb des Spielfeldes auf, dann zählt der Punkt nicht. Spielzeit mindestens 5 Minuten. Bei großen Gruppen Halle quer teilen und mit vier Mannschaften spielen.

Varianten, methodische Hinweise:
- Das Spiel fördert kreatives Verhalten sowohl bei der Wurf- als auch bei der Abwehrpartei.
- Es kann ebenfalls in einer Handballspiel-reihe oder als Abschlussspiel eingesetzt werden.
- Zur Förderung des Zusammenspiels sollte das Prellen verboten werden.
- Es wird auf alle vier Hallenwände bzw. nur auf die zwei gegenüberliegenden gespielt.
- Alle Wände dürfen zum Punkteerzielen benutzt werden.
- Jede Mannschaft bekommt zwei Ziel-wände zugeteilt.
- Bei „Anfängern" reicht das Berühren des Balls, um einen Punkt zu verhindern.

C 3 Gruppenabtupfball nach Basketballregeln

Medien, Material:
Bänder, 1 Basketball

Organisation:
Etwa ein Viertel der Spieler erhalten ein Band und sind die „Tupferjäger".

Inhalt:
Eine mit Bändern gekennzeichnete Gruppe versucht, in 2 – 3 Minuten möglichst viele Spieler abzutupfen. Es wird nach Basketball-regeln und ohne Dribbeln gespielt, d. h. die „Tupferjäger" dürfen nur einen Schritt (bzw. Sternschritt) ausführen. Aufgabenwechsel!
Welche Gruppe schafft in 2 Minuten die meisten „Tupfer"?

Varianten, methodische Hinweise:
- In kleinem Raum beginnen (halbes Hallendrittel).

C 4 Tchoukball

Medien, Material:
Zwei Minitrampoline bzw. Reutherbretter, 1 Softhandball, Bänder

Organisation:
Zwei Mannschaften bilden; Minitrampoline in zwei Kreise stellen (Durchmesser ca. fünf Meter).

Inhalt:
Gespielt wird nach Handballregeln ohne zu prellen. Ein Treffer ist erzielt, wenn eine Mannschaft den Ball so auf das Minitrampolin (Reutherbrett) wirft, dass er zurückprallt und außerhalb des Kreises den Boden berührt. Die Kreise dürfen nicht betreten werden. Der Ballbesitz wechselt bei einem Treffer oder einem Regelverstoß.
Spielzeit: 2 x 5 Minuten

Varianten, methodische Hinweise:
- Sie können auch fertige Tchoukball-anlagen erwerben.
- Statt Kreise können auch Matten verwendet werden, die nicht betreten werden dürfen.
- Treffer können an beiden Kreisen erzielt werden.

C5 Brettball

Medien, Material:
Bänder, 2 – 3 Supersoft-Handbälle, 4 – 12 Hütchen

Organisation:
Es werden mehrere Mannschaften gebildet (maximal fünf Spieler pro Team); unter den Basketballkörben eine Trapezzone (siehe Skizze) als toten Raum ausweisen.

Inhalt:
Gespielt wird auf die Basketballbretter. Die ballbesitzende Mannschaft versucht mit ihrem Ball das Brett so zu treffen, dass dieser außerhalb der Trapezzone auf den Boden kommt, damit es einen Punkt gibt.
Dann erhält die andere Mannschaft den Ball. Die abwehrende Mannschaft kann dies verhindern, indem sie den Ball auffängt. Gespielt wird nach Handballregeln ohne Prellen. Spielzeit mindestens 5 Minuten

Varianten, methodische Hinweise:
- Gleicher Aufbau, doch gibt es nur dann einen Punkt, wenn ein Mitspieler den Ball auffängt.
- Ohne Trapezzoneneinschränkung

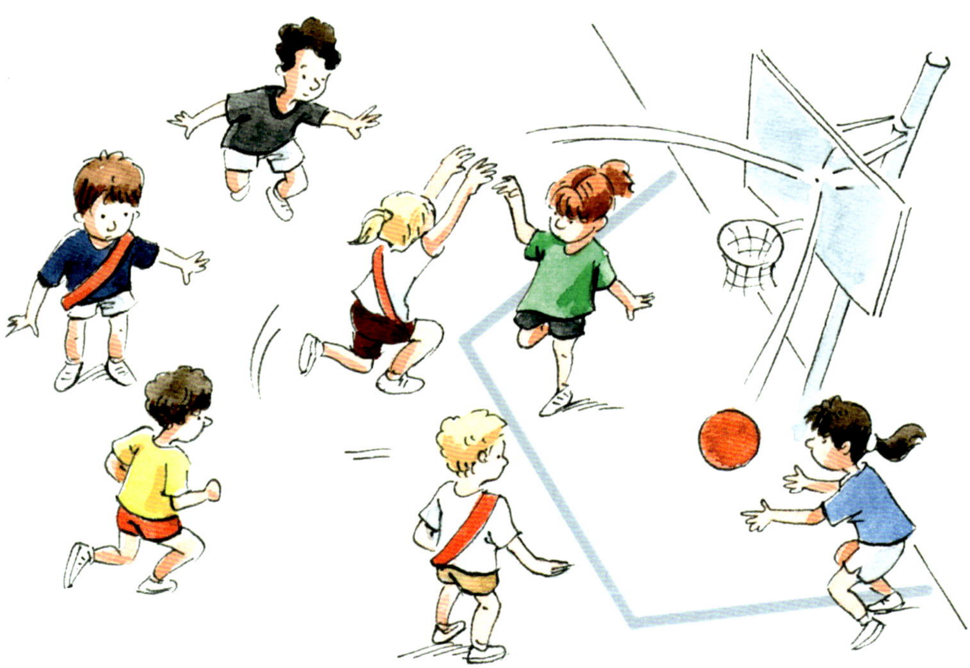

C 6 Reboundball

Medien, Material:
Bänder, 2 – 3 Bälle

Organisation:
2 – 6 Mannschaften bilden; 1 – 3 Spielfelder markieren; pro Spielfeld 1 Ball.

Inhalt:
Die Mannschaften versuchen den Ball so an die gegenüberliegende Wand zu werfen, dass ein Mitspieler den Ball fangen kann. Dann erhält sie einen Punkt und die andere Mannschaft den Ball. Gespielt wird nach Handballregeln.
Spielzeit mindestens 5 Minuten.

Varianten, methodische Hinweise:
- Wird das Prellen verboten, erhöht sich die Intensität.
- Der Ball darf einmal aufspringen, bevor er gefangen werden muss.

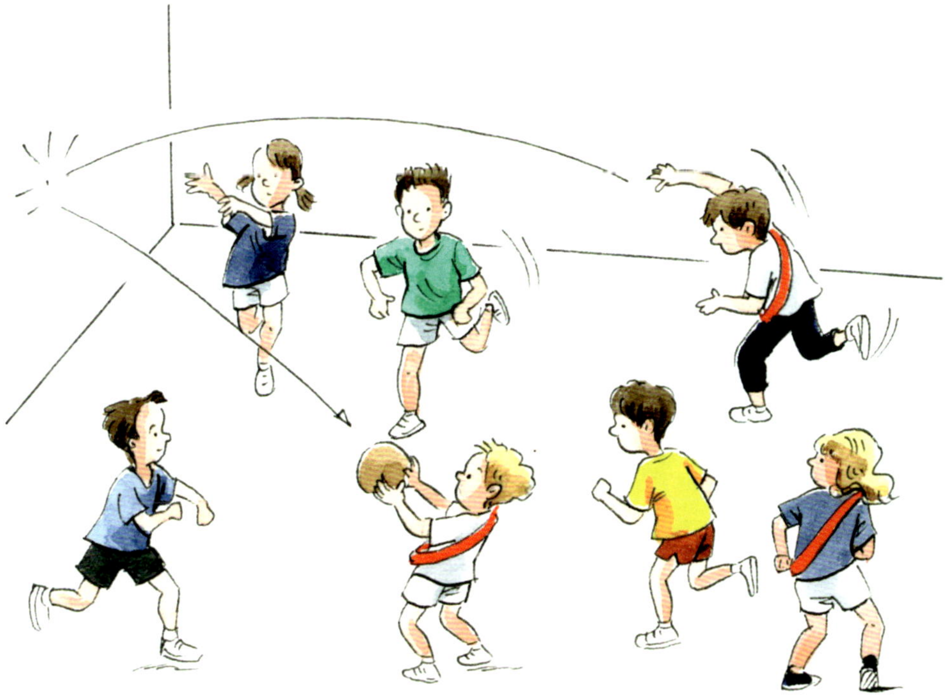

C 7 Teppichfliesenball

Medien, Material:
Bänder, 1 – 3 Handbälle, Teppichfliesen
Die Teppichfliesen erhalten Sie kostenlos in jedem Teppichgeschäft.

Organisation:
Mehrere Mannschaften bilden und entsprechende Spielfelder ausweisen; pro Spielfeld eine Teppichfliese mehr als Spieler eines Teams.

Inhalt:
Die Mannschaften spielen nach Handballregeln (eventuell auch Basketballregeln) gegeneinander. Ein Punkt ist erzielt, wenn ein Spieler den Ball auf eine Teppichfliese wirft. Dies kann dadurch verhindert werden, indem ein abwehrender Spieler die Teppichfliese mit dem Fuß berührt, dann kann hier kein Punkt mehr erzielt werden. Spielzeit: mindestens 5 Minuten.

Varianten, methodische Hinweise:
- Kleine Mannschaften bilden (4 – 6 Spieler).
- Eventuell zwei Fliesen mehr auslegen.
- Es können auch Reifen benützt werden, doch ist hier die Verletzungsgefahr höher.
- Mit Hütchen Parkbuchten kennzeichnen, in die der Ball abgelegt wird.
- Ein „Neutraler" spielt mit der ball-besitzenden Mannschaft mit.
- Nach jedem Punkterfolg bekommt die andere Mannschaft den Ball.

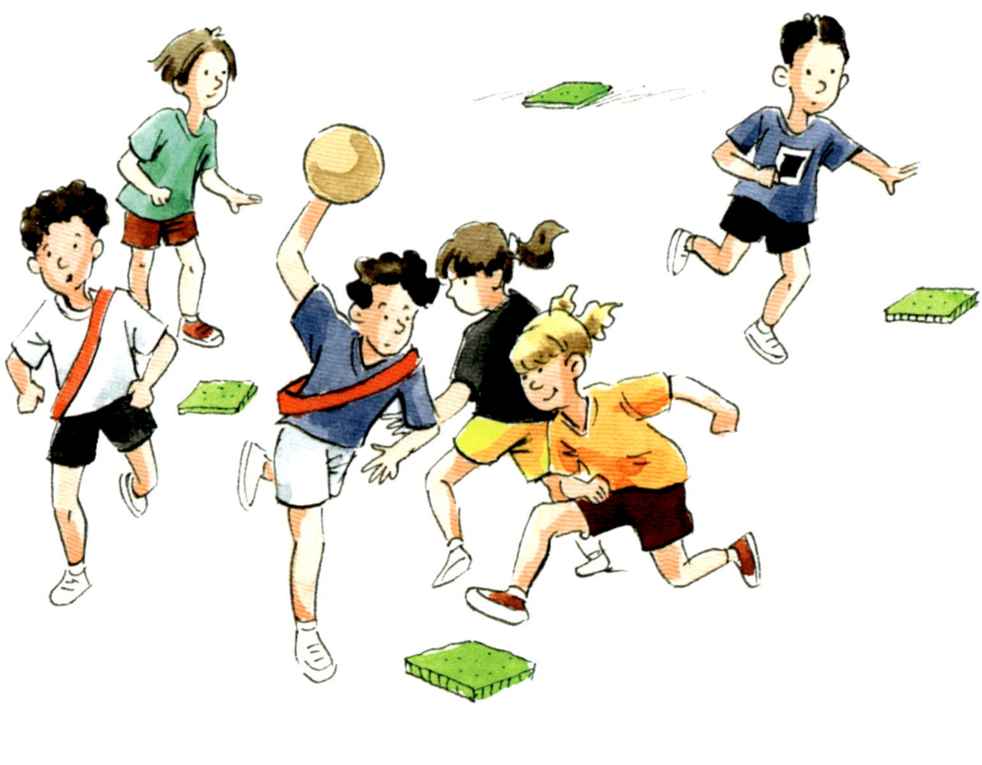

C 8 Hütchenball

Medien, Material:
Hütchen, 2 Bälle, Bänder

Organisation:
Mehrere Mannschaften (max. fünf Spieler) und Spielfelder bilden; in jedem Spielfeld ein Hütchen mehr als Spieler beliebig verteilen.

Inhalt:
Gespielt wird nach Handball- oder Basketballregeln ohne prellen. Ein Punkt ist erzielt, wenn ein Spieler den Ball auf ein Hütchen tupft. Berührt ein gegnerischer Spieler allerdings zuvor den Hut, dann kann hier kein Punkt mehr erzielt werden. Die angreifende Mannschaft kann solange an jedem beliebigen Hütchen punkten, bis sie den Ball verliert. Pro Spielfeld muss mindestens ein Hütchen mehr als Spieler aufgestellt werden.

Varianten, methodische Hinweise:
- Es ist auch möglich, den Hut mit dem Fuß zu berühren, um einen Punkt zu verhindern.

C 9 Kopf punktet

Medien, Material:
Bänder, Softfuß- oder Softvolleybälle, evtl. normale Volleybälle

Organisation:
Vierer- bis Sechsergruppen bilden; Hallendrittel teilen.

Inhalt:
Zwei Mannschaften spielen gegeneinander Parteiball nach Handball-(Basketball)regeln ohne prellen. Ein Punkt ist erzielt, wenn einem Mitspieler der Ball so zugeworfen wird, dass dieser zu einem beliebigen Mannschaftsmitglied köpfen kann und dieser den Ball fängt. Wer hat zuerst 10 Punkte?
Wer ist der Sieger nach 2, 3 etc. Minuten?

Varianten, methodische Hinweise:
- Gruppen wechseln!
- Es werden zwei rote und zwei weiße Mannschaften gebildet, wobei jede rote gegen jede weiße spielt; alle Punkte der Spiele werden addiert. Welche Farbe hat gewonnen?

C 10 Mattenhandball

Medien, Material:
Matten; Bälle, Bänder

Organisation:
Mannschaften mit 4 – 6 Spielern bilden und eine entsprechende Zahl von Spielfeldern. Pro Spielfeld zwei Matten auslegen.

Inhalt:
Jeweils zwei Mannschaften spielen nach Handballregeln ohne zu prellen gegeneinander. Ziel ist es, seinem Mitspieler, der auf einer Matte steht, den Ball zuzuwerfen. Fängt er ihn, gibt es einen Punkt und der Zuwerfer wechselt auf die Matte. Anschließend bekommt die gegnerische Mannschaft den Ball. Spielzeit mindestens 5 Minuten, dann Gegnerwechsel oder Rückspiel.

Varianten, methodische Hinweise:
- Bei Spieleransammlungen zusätzlich mit Kombinationspunkten arbeiten (pro fünf Zuspiele gibt es ebenfalls einen Punkt).
- Mit Fußballregeln für gute Sportler.
- Statt Matten Kastendeckel verwenden.

C 11 Stangentorball

Medien, Material:
Torstangen, Bälle, Bänder

Organisation:
Mannschaften mit 4 – 6 Spielern und einer entsprechenden Zahl von Spielfeldern bilden. Pro Spielfeld 2 – 3 Stangentore aufbauen.

Inhalt:
Gespielt wird nach Handballregeln ohne zu prellen. Ein Punkt ist erzielt, wenn mit einem Bodenpass durch das Tor ein Zuspiel zu einem Mitspieler erfolgt. Dann kann sofort weitergespielt werden oder die andere Mannschaft erhält den Ball.

Varianten, methodische Hinweise:
- Ein Tor gilt nur dann, wenn ein Pass durch das Stangentor mit anschließendem Bodenrückpass gelingt.
- Um die Stangentore können Kreise gezogen werden, die nicht betreten werden dürfen.

C 12 Kastentorball

Medien, Material:
Kästen; Bälle, Bänder

Organisation:
Mannschaften mit 4 – 6 Spielern und eine entsprechende Zahl von Spielfeldern bilden. In jedem Spielfeld zwei Kästen als Tore aufstellen.

Inhalt:
Jeweils zwei Mannschaften spielen nach Handballregeln ohne zu prellen gegeneinander und versuchen, den gegnerischen Kasten zu treffen. Der Kasten kann auch in einem Kreis oder auf einer Matte stehen, die dann nicht berührt bzw. betreten werden dürfen. Eventuell auch mit Torhüter spielen.

Varianten, methodische Hinweise:
- Je nach Anordnung der Kästen kann von allen Seiten ein Tor erzielt werden.
- Dieses Spiel ist auch mit mehreren Kleinkästen denkbar.

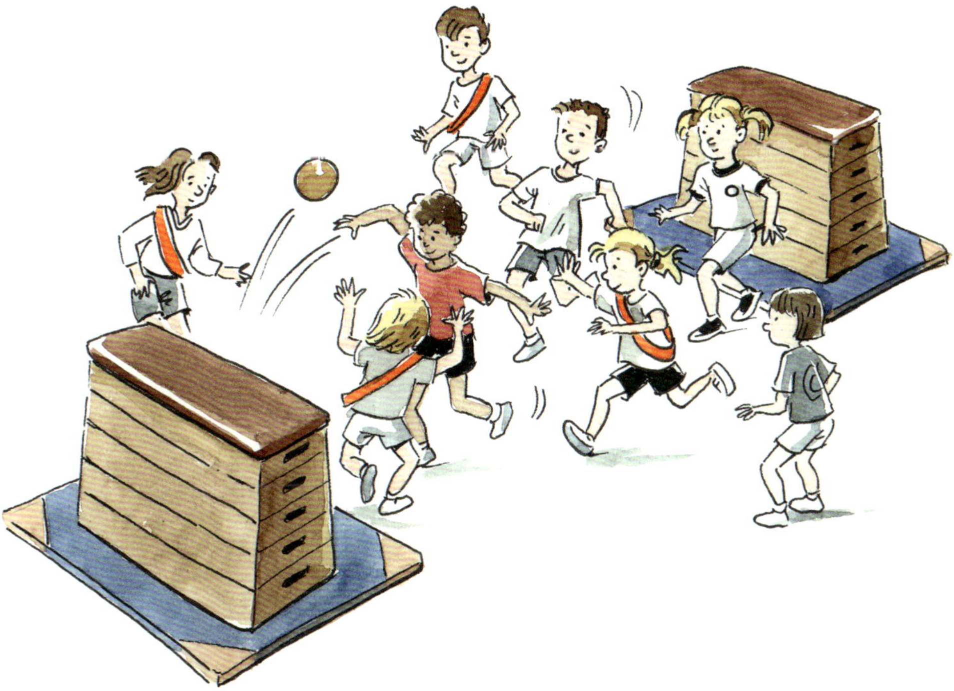

C 13 Lebendes Tor

Medien, Material:
Bänder, Softhandbälle

Organisation:
Zwei Mannschaften bilden und in jedem Team 1 – 3 Spieler als Tore besonders kennzeichnen (Doppelband, Schildmütze).

Inhalt:
Gespielt wird nach Handballregeln ohne prellen. Ein Punkt ist erzielt, wenn ein gegnerisches, lebendes Tor (ohne Kopftreffer!) getroffen wird. Spielzeit: 3 x 2 Minuten mit einem Austauschen der „Tore“, da für diese die Belastung sehr hoch ist.

Varianten, methodische Hinweise:
- Nur mit einem „Tor“ spielen.
- In kleineren Gruppen und mehr Feldern spielen.

C 14 Beweglicher Korb

Medien, Material:
Gymnastikreifen, (Soft)-Basketbälle, Bänder

Organisation:
Zwei Mannschaften mit 5 – 8 Spielern bilden (ansonsten vier Mannschaften). Pro Mannschaft tragen ein bzw. zwei Spieler den Gymnastikreifen möglichst waagerecht.

Inhalt:
Wir spielen nach Basketballregeln (bei schwächeren Spielern mit Handballregeln). Ein Punkt ist erreicht, wenn man durch den eigenen Reifen getroffen hat. Die Reifenträger können sich im ganzen Spielfeld aufhalten. Spielzeit: 2 x 3 Minuten mit Reifenträgerwechsel.

Varianten, methodische Hinweise:
- Die Reifenträger dürfen sich nur in einem Kreis bzw. auf zwei Matten bewegen.
- Der Reifen muss über Kopfhöhe gehalten werden.

C 15 Flüchtendes Tor

Medien, Material:
2 Stangen, Bänder, 1 Fußball

Organisation:
Zwei Mannschaften bilden. Jede Mannschaft stellt ein flüchtendes Tor (zwei Spieler halten eine Stange).

Inhalt:
Es wird nach Fußballregeln gespielt. Ziel ist es, bei dem gegnerischen, flüchtenden Tor einen Treffer zu erzielen.
Spielzeit: 3 x 2 Minuten mit einem Tausch der Stangenträger.

Varianten, methodische Hinweise:
- um Verletzungen zu vermeiden, sollten Plastikstangen benützt werden und die Stangenträger diese ganz am Ende halten.

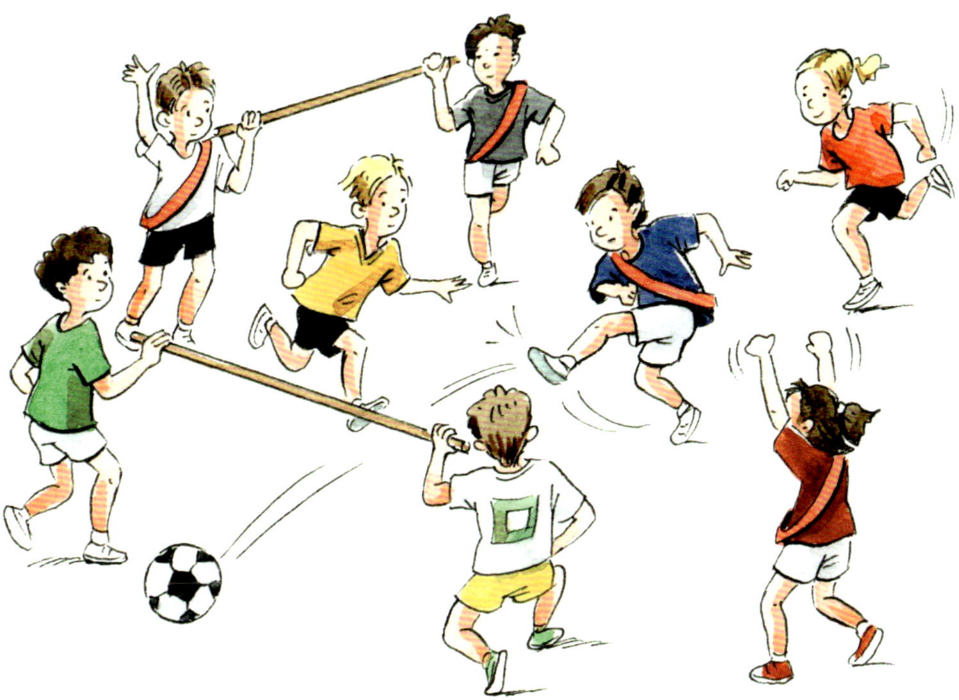

C 16 Feldball

Medien, Material:
1 Ball, Bänder, 4 Tore (Weichbodenmatten; Stangen)

Organisation:
Zwei Mannschaften bilden und eine kennzeichnen; je zwei Tore an den Stirnseiten aufbauen.

Inhalt:
Das Spielfeld wird in zwei Hälften geteilt. In einer Hälfte spielen wir Fußball, in der anderen Handball. Ansonsten gelten die jeweiligen Spielregeln der Sportart. Die Spieler dürfen sich überall aufhalten, aber der Ball darf nur entsprechend der Hälfte (Hand- bzw. Fußball) gespielt werden. Spielzeit: 2 x 5 Minuten mit Seitenwechsel (d. h. einmal werden auf die Handballtore, dann auf die Fußballtore gespielt).

Varianten, methodische Hinweise:
- Eventuell mit zwei Bällen spielen.

C 17 Einhakfußball

Medien, Material:
1 Softfußball, Bänder; Tennisringe

Organisation:
Zwei Mannschaften bilden; Tore festlegen (ganze Stirnseite, Weichbodenmatte o. ä.).

Inhalt:
Gespielt wird nach Fußballregeln, nur bewegen sich die Spieler in Paaren (eingehängte Arme) fort. Wenn genügend Tennisringe vorhanden sind, halten sich jeweils zwei an einem Ring fest. Torhüter gibt es keine.

Varianten, methodische Hinweise:
- Die Torgröße (ganze Hallenwand, Langbank ...) nach dem Leistungsstand der Spieler wählen.
- Löst ein Paar die Hand- (Ring-)fassung, dann bekommt die andere Mannschaft einen Freistoß zugesprochen.

C 18 Langbankfußball

Medien, Material:
Bänder (drei verschiedene Farben!), 4 Langbänke, 1 Fußball

Organisation:
Vier Gruppen bilden, vier Langbänke schräg in die vier Hallenecken stellen.

Inhalt:
Jede Mannschaft besteht aus 4 – 5 Spielern, wovon nur zwei im Feld sind, die anderen sitzen hinter den umgekippten Langbänken. Die Feldspieler (insgesamt acht) versuchen an einer beliebigen Langbank ein Tor zu erzielen (Sitzfläche muss getroffen werden). Bei jedem Torerfolg wechseln alle Mannschaften ihre Feldspieler aus. Wird die Langbank einer Mannschaft getroffen, dann erhält diese einen Minuspunkt. Wer hat nach 3 – 5 Minuten die wenigsten Minuspunkte?

Varianten, methodische Hinweise:
- Jedes erzielte Tor ergibt einen Pluspunkt; jedes erhaltene einen Minuspunkt (fördert die Angriffsbemühungen!).
- Zwei benachbarte Mannschaften spielen gegen die zwei gegenüberliegenden auf zwei Langbänke (vier gegen vier) nach Fußballregeln.
- Stehen zwei oder sogar drei Hallenteile zur Verfügung, dann spielt man mit fünf Mannschaften zu je 3-5 Spielern, die alle im Feld sind. Eine Mannschaft hat Pause, und sobald ein Team ein Tor erhalten hat, setzt dieses aus und die andere spielt mit.

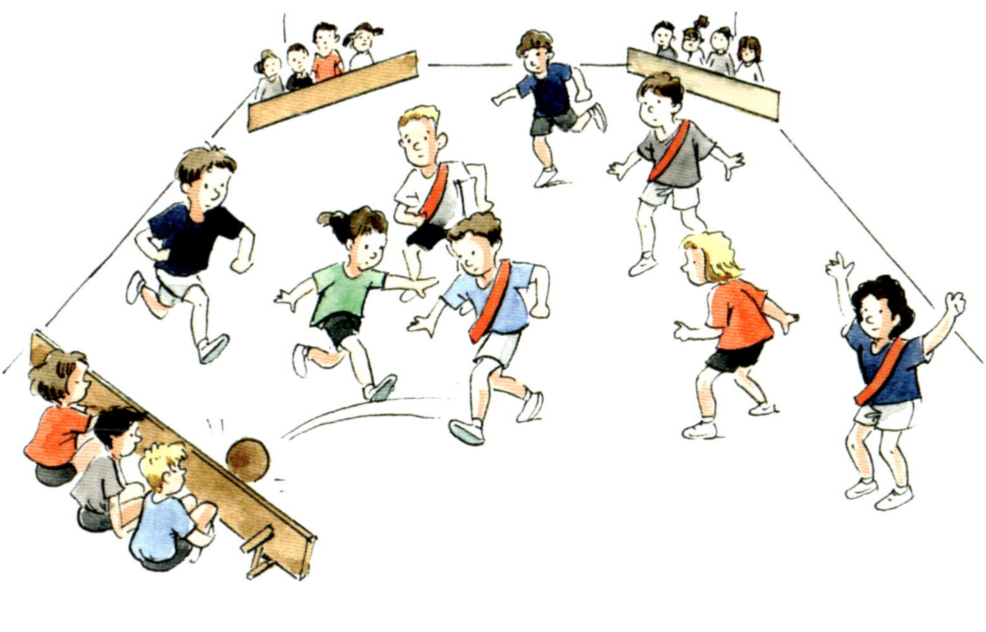

C 19 Dreibeinfußball

Medien, Material:
1 Softfußball, Bänder, Sprungseile bzw. Klettverschlüsse oder Parteibänder.

Organisation:
Zwei Mannschaften bilden. Jedes Team bildet Paare, die mit je einem Bein zusammengebunden werden.

Inhalt:
Gespielt wird nach Fußballregeln. Als Tore gelten die ganzen Stirnseiten des Hallenteils und es gibt keine Torhüter (Handspiel ist verboten).

Varianten, methodische Hinweise:
- Ideal zum Zusammenbinden sind Klett-verschlüsse.
- Torgröße und -höhe verändern.

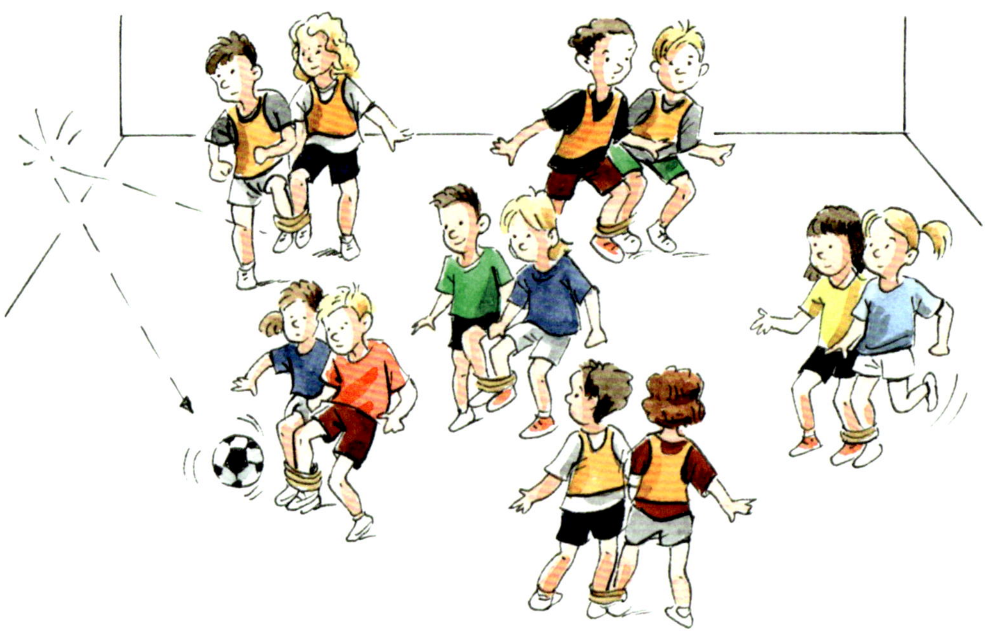

C 20 Hütchenfußball mit Torraum

Medien, Material:
10 Hütchen, 1 Fußball, Bänder

Organisation:
Zwei Mannschaften bilden, auf jede Grundlinie fünf Hütchen stellen und vor der Linie einen 1 – 2 m breiten Torraum markieren.

Inhalt:
Gespielt wird nach Fußballregeln. Für das Umschießen eines gegnerischen Hütchens gibt es einen Punkt. Der Torraum darf nicht betreten werden. Wer hat zuerst alle Hütchen umgeschossen?

Varianten, methodische Hinweise:
- Jedes umgeschossene Hütchen ergibt einen Punkt und wird wieder aufgestellt. Spielzeit: mind. 5 Minuten.
- Pro Mannschaft 1 – 2 Torhüter abstellen, die das Umschießen der Hütchen verhindern.

C 21 Jagt den König

Medien, Material:
1 – 2 Softbälle, Bänder

Organisation:
Zwei (vier) Mannschaften bilden und pro Team einen König kennzeichnen (Doppel band, Schildmütze).

Inhalt:
Zwei (vier) Mannschaften spielen nach Handballregeln ohne zu prellen gegeneinander. Für das Treffen des gegnerischen Königs (besonders gekennzeichnet) gibt es einen Punkt und die andere Mannschaft kommt in Ballbesitz. Spielzeit: 3 x 2 Minuten mit Königswechsel.

Varianten, methodische Hinweise:
- Kopftreffer zählen nicht.
- Eine Mannschaft kann solange den gegnerischen König abschießen, wie sie in Ballbesitz ist.

C 22 Hütchenhandball

Medien, Material:
10 Hütchen, 1 Handball, Bänder, 10 Kleinkästen oder Kastenteile

Organisation:
Zwei Mannschaften bilden und auf jede Grundlinie 5 Kleinkästen stellen mit je 1 Hütchen stellen. Vor der Grundlinie einen 1 –2 m breiten Torraum kennzeichnen.

Inhalt:
Gespielt wird nach Handballregeln. Für das Umschießen eines gegnerischen Hütchens gibt es einen Punkt. Der Torraum darf nicht betreten werden. Wer hat zuerst alle Hütchen umgeschossen? Jedes umgeschossene Hütchen ergibt einen Punkt und wird wieder aufgestellt. Spielzeit: mind. 5 Minuten.

Varianten, methodische Hinweise:
- Pro Mannschaft 1-2 Torhüter abstellen, die das Umschießen der Hütchen erschweren.

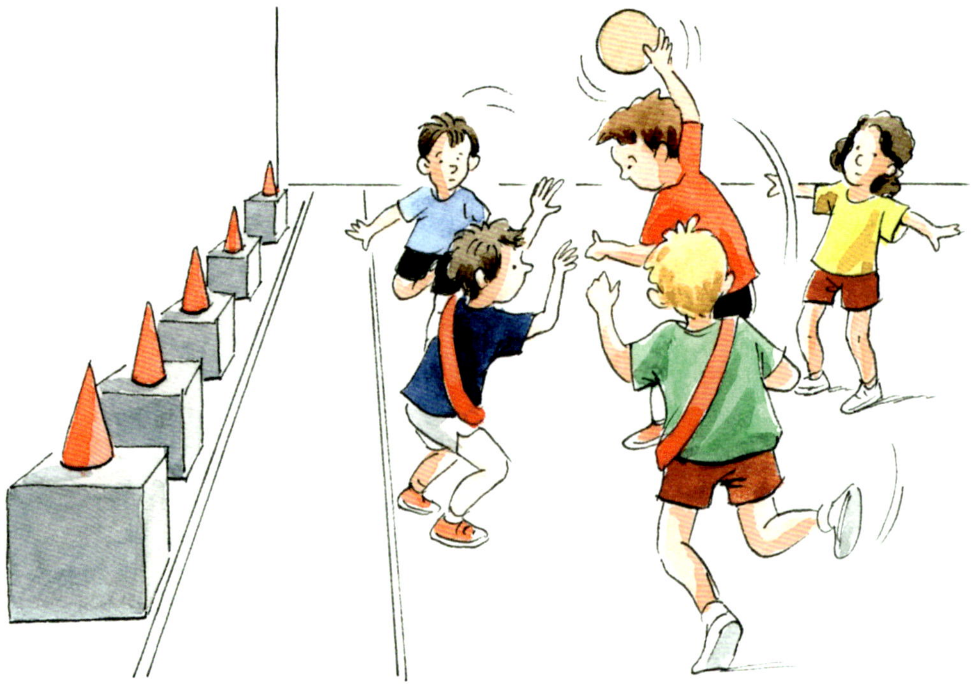

C 23 Kegelball

Medien, Material:
12 Gymnastikkeulen, 1 Hohlball, Bänder

Organisation:
Zwei Mannschaften bilden und jeweils sechs Kegel auf der Stirnseite versetzt aufstellen. Davor (1 – 2 Meter) einen Torraum kennzeichnen.

Inhalt:
Zwei Mannschaften spielen nach Handballregeln gegeneinander. Ziel ist es, sämtliche gegnerischen Kegel umzurollen. Der Torraum darf nicht betreten werden.

Varianten, methodische Hinweise:
- Ein Spieler jeder Mannschaft darf als Torhüter fungieren. Dies sollte nicht immer der gleiche Spieler sein, sondern immer der auf der letzten Position. Dieser darf sich aber auch in die Angriffs-bemühungen einschalten.

C 24 Rollball

Medien, Material:
1 – 3 kleine Medizinbälle, Bänder,
2 Langbänke pro Spielfeld

Organisation:
2 – 6 Mannschaften bilden; pro Spielfeld zwei Langbänke als Tore aufstellen.

Inhalt:
Jeweils zwei Mannschaften spielen gegeneinander. Der Ball wird mit der Hand gerollt. Ein Punkt ist erzielt, wenn der Ball das gegnerische Tor (z. B. umgekippte Langbank) trifft.

Varianten, methodische Hinweise:
- Als weitere Spielgeräte bieten sich an: Sandsäckchen, Rugbyball, Schaumstoff-würfel.

C 25 Kegelfußball

Medien, Material:
Keulen, Fußbälle

Organisation:
Paare bilden; jedes Paar erhält einen Ball und eine Gymnastikkeule, die sie irgendwo im Spielfeld abstellen.

Inhalt:
Gespielt wird nach Fußballregeln. Ziel ist es, die gegnerische Keule abzuschießen. Bei welchen 2 – 3 Paaren stehen die Keulen am längsten? Bei welchen Paaren stehen nach 3 – 5 Minuten noch die Keulen?

Varianten, methodische Hinweise:
- Es können auch zwei Bälle eingesetzt werden.
- Das Paar, das eine Keule umschießt, darf ihre wieder aufstellen; bei wem steht nach 5 Minuten noch die Keule?

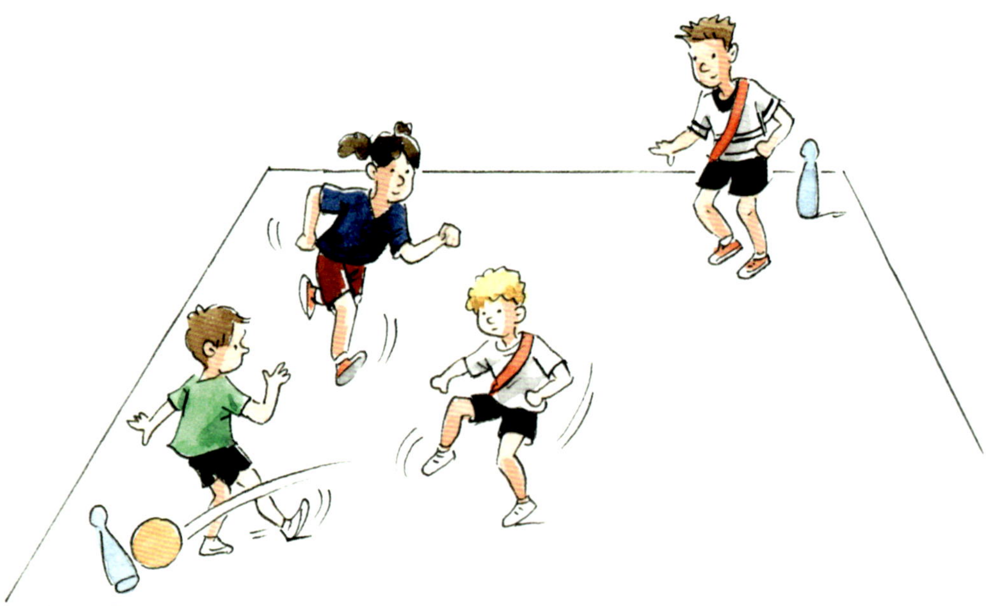

C 26 Fußball indirekt

Medien, Material:
6 Kastenteile bzw. 2 Langbänke, 1 Fußball, Bänder

Organisation:
Zwei Mannschaften mit je max. 5 Spielern bilden (evtl. mehrere Spielfelder verwenden) und an jeder Stirnseite drei Kastenteile oder eine Langbank ca. zwei Meter von der Wand entfernt aufstellen.

Inhalt:
Gespielt wird nach Fußballregeln. Ein Tor ist erzielt, wenn der Ball von der Wand durch die Kastenteile oder an die Sitzfläche der Langbank (in Richtung Wand umgekippt) trifft.

Varianten, methodische Hinweise:
- Anzahl der Kastenteile verändern
- Wandabstand variieren
- Kastenteile oder Langbank leicht „schräg" (nicht parallel) zur Wand aufstellen.
- Der Torraum zwischen Kastenteil / Langbank und der Wand darf nicht betreten werden.

C 27 Parteiball mit Joker

Medien, Material:
1 – 2 Handbälle, Bänder

Organisation:
Pro Spielfeld zwei Mannschaften mit maximal sieben Spielern bilden und einen Joker kennzeichnen.

Inhalt:
Gespielt wird nach Handballregeln ohne zu prellen. Ziel sind sieben Abspiele in der Gruppe. Dies ergibt einen Punkt. Der Joker spielt immer zu der Mannschaft zurück, von der er den Ball bekommen hat. Wer hat zuerst 3, 5 usw. Punkte?

Varianten, methodische Hinweise:
- 2 – 3 Joker pro Spielfeld

C 28 Ball ablegen

Medien, Material:
1 Handball, Bänder

Organisation:
Zwei Mannschaften einteilen.

Inhalt:
Dieses Spiel stellt eine Erweiterung des Kombinationsballspieles (vgl. Spiel B 16) dar. Beide Mannschaften versuchen zehn Abspiele hintereinander zu erreichen. Dies ergibt dann fünf Punkte. Können sie den Ball anschließend noch im Torbereich (zwei Punkte) oder auf der Grundlinie (ein Punkt) ablegen, erhalten sie diese Zusatzpunkte. Anschließend erhält die gegnerische Partei den Ball. Spielzeit: 5 – 8 Minuten.

Varianten, methodische Hinweise:
- Höchstens sieben Spieler pro Mannschaft, ansonsten mehrere Spielfelder verwenden.

C 29 Berührball

Medien, Material:
1 – 2 Handbälle, Bänder

Organisation:
Zwei (vier) Mannschaften bilden und vor jeder Stirnseite einen 3 – 5 m breiten Torraum markieren (evtl. den Handballkreis verwenden).

Inhalt:
Zwei Mannschaften spielen nach Handballregeln gegeneinander. Ein Tor kann nur innerhalb des Torraumes durch direkte oder indirekte Würfe gegen die Wand erzielt werden. Wird der Ballbesitzer aber von einem Gegenspieler berührt, dann wechselt der Ballbesitz. Es gibt keinen Torhüter. Spielzeit: 5 – 8 Minuten.

Varianten, methodische Hinweise:
- Fördert ein schnelles Abspielen.

C 30 Teppi-Squash

Medien, Material:
(Soft-)Handbälle oder Gymnastikbälle, Teppichfliesen, Bänder

Organisation:
Zwei bzw. vier Mannschaften bilden und ent-sprechend viele Spielfelder markieren; in einer Spielfeldhälfte die Teppichfliesen auslegen.

Inhalt:
Dieses Spiel stellt eine Kombination aus den Spielen C 2 und C 7 dar und wird vor allem dann eingesetzt, wenn auf einer Seite keine feste Wand vorhanden ist. Gespielt wird nach Handballregeln. Eine Mannschaft spielt auf die Teppichfliesen (1 – 2 mehr als Spieler) und versucht, dort zum Punkterfolg zu kommen (siehe C 7), die andere auf die „feste" Wand (siehe C 2). Nach 2 – 3 Minuten erfolgt ein Aufgabenwechsel. Wer gewinnt?

Varianten, methodische Hinweise:
- Zur Intensivierung mit vier Mannschaften auf ein halbes Hallendrittel quer spielen.
- Bei vier Mannschaften anschließend Sieger – Sieger, Verlierer – Verlierer spielen lassen oder als Turnier zur Erwärmung über mehrere Stunden.
- Die Anordnung der Teppichfliesen (auf einer Linie, gestaffelt, ...) setzt taktischen Schwerpunkt.

C 31 Doppeltor

Medien, Material:
8 Hütchen pro Spielfeld, Bänder, Bälle

Organisation:
Mehrere Mannschaften bilden (3 – 6 Spieler) und kennzeichnen, Spielfelder markieren, pro Spielfeld je vier 2 m breite Tore etwa ein Meter von der Wand entfernt aufstellen, pro Spielfeld 1 Ball.

Gespielt wird nach Fußballregeln. Ein Tor ist erzielt, wenn der Ball durch das Tor an die Wand gespielt wird und er von dort wieder durch das Tor zurück ins Spielfeld gelangt.

Varianten, methodische Hinweise:
- Den Abstand der Tore von der Wand vergrößern.
- Der Ball darf auch neben dem Tor zurück ins Spielfeld gelangen, damit der Punkt zählt.

C 32 Torschütze wechselt

Medien, Material:
4 Hütchen oder zwei Tore pro Spielfeld, Bänder, Bälle

Organisation:
Mehrere Mannschaften bilden (3 – 6 Spieler) und kennzeichnen, Spielfelder markieren, pro Spielfeld je zwei 3 m breite Tore auf den Grundlinien aufstellen, pro Spielfeld 1 Ball.

Inhalt:
Gespielt wird nach Fußballregeln ohne Torhüter. Erzielt eine Mannschaft ein Tor, dann wechselt der Torschütze zur anderen Mannschaft, sodass diese jetzt in Überzahl spielt. Beim nächsten Tor dasselbe. Damit wird nach jedem Tor die „Spielstärke" der Mannschaften verändert.

Varianten, methodische Hinweise:
- Die Größe des Tores verändern
- Im Freien eventuell auf Kleintore mit Torhüter spielen.

C 33 „Goldener Punkt"

Medien, Material:
5 Hütchentore pro Spielfeld, Bänder, Bälle

Organisation:
Mehrere Mannschaften bilden (3 – 6 Spieler) und kennzeichnen. Spielfelder markieren, pro Spielfeld je fünf 3 m breite Tore aufstellen, pro Spielfeld 1 Ball.

Inhalt:
Gespielt wird nach Fußballregeln ohne Torhüter. Ein Punkt ist erzielt, wenn ein Spieler ein Tor durchdribbelt. Gelingt einer Mannschaft das dreimal hintereinander, dann erhält diese einen „goldenen" Punkt zusätzlich.

Varianten, methodische Hinweise:
- Die Größe und Anzahl der Tore verändern
- Es zählen nur „goldene" Punkte, d. h. erst wenn eine Mannschaft drei Tore in Folge durchdribbelt hat, erhält sie einen Punkt.

C 34 Torball

Medien, Material:
4 Langbänke, Hütchen, Fußbälle

Inhalt:
Die Mannschaft A beginnt im Spielfeld zwischen den Torräumen und versucht in 1 Minute möglichst viele Tore mit dem Fuß an den Langbänken zu erzielen. Die Spieler B in den Torräumen dürfen geschossene Bälle mit dem Fuß abzuwehren.

Organisation:
Je 2 Langbänke an den Hallenstirnseiten parallel zur Wand aufstellen und davor einen ca. 2 m breiten Torraum markieren (Hütchen, Linien etc). Zwei gleich starke Mannschaften (A und B) bilden. Jedes Mitglied der Mannschaft A erhält einen Ball. Die Spieler der Mannschaft B besetzen die Torräume, die sie nicht verlassen darf.
Nach jedem Versuch (egal ob erfolgreich oder nicht) muss der Schütze zur anderen Seite wechseln. Jeder Spieler zählt seine Tore. Wie viele Tore hat die Mannschaft A zusam-men erzielt?
Danach Aufgabenwechsel.
Mehrere Durchgänge spielen lassen.

Varianten, methodische Hinweise:
- Spielzeit verlängern
- Ganze Wand mit einer Höhenbegrenzung als Tor benützen

Eigene Notizen

Literaturverzeichnis

Afflerbach, H. / Grözinger, S. / Moosmann, K. / Rettich, D./Stephan, M.: Ballorientierte Koordination, Übungs- und Spielformen zur Schulung und Verbesserung der koordinativen Fähigkeiten in Verbindung mit grundlegenden Ballfertigkeiten. Herausgeber: Württembergischer Fußballverband e. V. Beispielseiten unter www.klausmoosmann.de.

Albeck, T. / Zöller, H.: Kindgerechtes Fußballtraining. Württembergischer Fußballverband, Stuttgart 1996.

Alberti, H. / Rothenberg, L: Spielreihen in der Spielschulung. Schorndorf 1975.

Baumann, S.: Sportspiele. München 1979.

Beug, Rolf et al: Schulung und Verbesserung der koordinativen Fähigkeiten. Heftreihe Bewegung, Spiel und Sport in der Schule, Ministerium für Kultus, Jugend und Sport Ba denWürttemberg.

Deutscher Basketball Bund e. V.: Spiel doch den roten Ball. Deutscher Basketball Bund e. V., Hagen 1987.

Döbler, H. / Döbler, E.: Kleine Spiele. 21. Auflage. Berlin 1998.

Emrich, A.: Spielend Handball lernen in Schule und Verein. 5. Auflage. Wiebelsheim 2007.

G.U.T.: Spieleprogramm. Ostfildern.

Koch, K.: Kleine Sportspiele. Schorndorf 1975.

Kosel, A.: Schulung der Bewegungskoordination. Übungen und Spiele für den Sportunterricht in der Grundschule. 6. Auflage. Schorndorf 2001.

Kröger, C. / Roth, K.: Ballschule. Ein ABC für Spielanfänger. Schorndorf 1999.
Löhr, R. / Zwirner, P.: Kleine Spiele im Breiten- und Freizeitsport, Karlsruhe 1990.

Löscher, A.: Kleine Spiele für viele. Berlin 1986.

Maier, W. u. a.: Fußball in der Grundschule. Württembergischer Fußballverband, Stuttgart 1991.

Maier, W. u. a.: Fußball in der Sekundarstufe 1. Württembergischer Fußballverband, Stutt gart 1992.

Maier, W. u. a.: Fußball in der Sekundarstufe 2. Württembergischer Fußballverband, Stutt gart 1993.

Mitterbauer, G. / Schmidt, G.: 300 Bewegungsspiele. Berwang/Tirol 1987.

Müller, H. J.: Minihandball. H. J. Müller, Mandelbachtal 1 1978.

Rammler, H. / Zöller, H.: Kleine Spiele – wozu? 5. Auflage, Wiebelsheim 2003.

Reuter, M.: Fertig ausgearbeitete Unterrichtsbausteine für das Fach Sport. Kissing 1992.

Walter, M.: Spiel und Sport an jedem Ort. Schorndorf 1994.

Wiemann, K.: Spielt mit. Frankfurt 1962.

Wiertsema, H.: 100 Bewegungsspiele. Seelze 1998.

Außerdem verschiedene Manuskripte von Fortbildungslehrgängen des Württembergischen Fußballverbandes, des Württembergischen Handballverbandes und des Württembergischen Landessportbundes.